THÉATRE
CHOISI
DE FAVART.

TOME PREMIER.

DE L'IMPRIMERIE DE LEBÉGUE,
RUE DES RATS, N° 14.

Il est un auteur en crédit,
Qui dans tous les temps saura plaire;
Il fit la Chercheuse d'Esprit,
Et n'en chercha pas pour la faire.

Maradan Sculp.

THÉATRE
CHOISI
DE FAVART.

Dans les vers de FAVART on voit les fleurs écloses :
C'est le fleuriste d'Apollon ;
Vrai successeur d'Anacréon,
Il cueille des lauriers en répandant des roses.
VOISENON.

TOME PREMIER.

PARIS,
LÉOPOLD COLLIN, Libraire, rue Gît-le-Cœur,
n° 4.

1809.

AVERTISSEMENT

DE L'ÉDITEUR.

Dix volumes des œuvres de Favart ont été publiés et réunis depuis long-temps. Il est difficile de se procurer cette collection. Nous avons reconnu le désir d'un grand nombre d'amateurs de pouvoir se la procurer; mais loin de suivre la marche des nouveaux Éditeurs de tous les ouvrages de nos hommes célèbres qui, après la mort des auteurs, surchargent leurs recueils de toutes sortes de pièces que ces écrivains eux-mêmes avaient jugées peu dignes des regards et de l'attention

AVERTISSEMENT

du public, nous ne voulons donner ici, du Théâtre de FAVART, que les seules pièces que l'hommage de la nation, et surtout celui des gens de goût, a réservées à une célébrité durable.

Un grand nombre de pièces de circonstances, devenues très-piquantes par l'à-propos, remplies de traits spirituels, de naturel, et de grâces aimables, qui ne coûtaient rien à la muse facile de FAVART, justifiaient l'accueil que ces pièces ont reçu dans le temps, et ne présentent plus aujourd'hui le même intérêt. Nous croyons faire beaucoup plus pour la gloire de ce père de l'Opéra-comique, en le reproduisant aujourd'hui tel qu'il est destiné à se montrer long-temps sur la scène des Théâtres auxquels il s'est adonné, afin d'y servir de modèle, et pour y donner le véritable tableau du genre aimable auquel il a consacré la plus grande partie de ses veilles. On ne nous accusera pas d'avoir voulu, par le retranchement d'un grand nombre d'ouvrages pleins d'esprit, de finesse et d'agrément, diminuer la réputation que s'est acquise ce poëte charmant; nous avons nous-mêmes trop d'intérêt à sa gloire, pour vouloir flétrir aucun des myrtes qu'il a cueillis.

On ne trouvera donc ici que celles de ses pièces qui reparaissent journellement sur différens Théâtres, et qui ont été signalées par des triomphes. Nous avons cru cependant faire plaisir au Lecteur en ajoutant, au Théâtre Choisi de FAVART, une parodie d'*Annette et Lubin*, et quelques Vaudevilles échappés à la Muse gracieuse de l'auteur; parce que ces pièces sont peu, ou ne sont point connues, et que l'on y remarquera le ton et la manière du poëte, qui a toujours su joindre le piquant du Vaudeville à l'aménité et à la douceur des mœurs qui faisaient le fond de son caractère.

LISTE CHRONOLOGIQUE

DE

TOUS LES OUVRAGES DRAMATIQUES

DE M. FAVART,

IMPRIMÉS OU NON IMPRIMÉS *.

Ninus et Sémiramis, grand Opéra d'enchantement, en un acte, (*non joué et non imprimé.*) — 1725.

Les Jumelles, Vaudeville en un acte, représenté à la foire Saint-Germain, (*non imprimé.*) — 1734. 22 mars.

Le Génie de l'opéra-comique, Prologue pour l'ouverture de la foire Saint-Laurent, (*non imprimé.*) — 1735. 28 juin.

L'Enlèvement précipité, Vaudeville en un acte, représenté à la foire Saint-Laurent, (*non imprimé.*) — 29 juill.

---

* En publiant cette Liste, où sont rangés plusieurs ouvrages de M. Favart, absolument inconnus, ou qui sont oubliés aujourd'hui, quoiqu'ils aient fait les amusemens des sociétés auxquelles ils étaient destinés, nous n'avons eu dessein que de satisfaire la curiosité de ceux des amis des lettres, qui ne veulent rien perdre de ce qui compose la célébrité d'un écrivain.

1735. LA RÉPÉTITION INTERROMPUE, pièce en un acte, avec
6 août. un prologue et un avant-prologue, représentée à
la foire St.-Laurent ; (en société avec M. Pannard.)

11 sept. LA FOIRE DE BEZONS, Ballet pantomime, avec des
scènes épisodiques, représenté à la foire Saint-
Laurent ; (en société avec M. Pannard), *non imprimé.*

1736. LE NOUVEAU PARNASSE, Pièce en un acte, représen-
25 août. tée à la foire Saint-Laurent, (*non imprimée.*)

25 août. LA DRAGONNE, pièce en deux actes, au même Théâtre ; (en société avec M. Pannard), *non imprimée.*

4 octob. L'AMOUR ET L'INNOCENCE, Ballet mêlé de vaudevilles ; représenté à l'Opéra-comique ; (en société
avec M. Verrière), *non imprimé.*

1737. MARIANNE, Pièce en un acte, représentée à l'ouver-
3 févr. ture de la foire Saint-Germain ; (en société avec
M. Pannard), *non imprimée.*

3 févr. LE PRINCE NOCTURNE, OU LE NORMAND DUPÉ, OU LA
PIÈCE SANS TITRE, représentée à l'ouverture de la
foire St.-Germain ; (en société avec M. Pannard),
non imprimée.

1738. LA HALLE GALANTE, Opéra-comique en un acte, re-
13 mars. présenté à l'Opéra-comique ; (en société avec
M. Pannard), *non imprimée.*

13 mars. LE BAL BOURGEOIS, Pièce en un acte, représentée à
la foire St-Germain, (*remise et imprimée depuis.*)

CHRONOLOGIQUE.

MOULINET PREMIER, Parodie de Mahomet Second, représentée au théâtre de l'Opéra-comique. — 1739. 15 mars.

LES AMOURS DE GOGO, Parodie du deuxième acte des Fêtes d'Hébé.

SANSONNET ET TONTON, Parodie du troisième acte du même Opéra. On empêcha la représentation de ces deux parodies, (*non imprimées.*)

LES RÉJOUISSANCES PUBLIQUES, Pièce en un acte, au sujet du mariage de Madame Première avec Dom Philippe, représentée sur le théâtre de la foire Saint-Laurent, (*non imprimée.*) — 19 sept.

HARMONIDE, Parodie de ZAÏDE Opéra, représentée au théâtre de l'Opéra-comique, (*non imprimée.*) — 1 octob.

DARDANUS, Parodie de l'Opéra de ce nom, représentée par les Comédiens Italiens; (en société avec MM. Pannard et Parmentier), *non imprimée.* — 1740. 14 janv.

LA PARODIE; Vaudeville en un acte, représenté à la foire Saint-Germain, donné ensuite au Théâtre Italien avec des changemens en 1759 sous le titre de *Pirame et Thisbé.* Cette pièce est la parodie de l'Opéra de ce nom, ainsi que du prologue de *Dardanus*, (*non imprimée.*) — 3 févr.

LA SERVANTE JUSTIFIÉE, Pièce en un acte, représentée au théâtre de la foire Saint-Germain; (en société avec M. Fagan.) — 19 févr.

1740. LA BARRIÈRE DU PARNASSE, Pièce en un acte, re-
8 avril. présentée à la foire St-Germain, (*non imprimée.*)

1 juill. LES JEUNES MARIÉS, en un acte, représentée à la foire Saint-Germain.

1 juill. LES RECRUES DE L'OPÉRA-COMIQUE, Prologue en un acte, représenté à la foire Saint-Laurent, (*non imprimé.*)

1 juill. LES ÉPOUX, Opéra-comique, en un acte, avec un Divertissement, représenté à la foire Saint-Laurent, (*non imprimé.*)

30 août. LES FÊTES VILLAGEOISES, Ambigu-comique, en deux actes, avec un prologue accompagné d'intermèdes, qui contiennent une parodie des Fêtes Vénitiennes; on y ajouta peu de temps après un acte nouveau de M. Pannard, sous le titre des *Jardins d'Hébé*, (*non imprimé.*)

1741. LA JOIE, Opéra-comique, en un acte, joué à la foire
3 févr. Saint-Germain, (*non imprimé.*)

20 févr. LA CHERCHEUSE D'ESPRIT, Opéra-comique, représenté sur le théâtre de la foire Saint-Germain.

9 mars. FARINETTE, Parodie, en un acte, de la tragédie lyrique de Proserpine, représentée sur le théâtre de l'Opéra-comique, (*non imprimée.*)

22 juill. LE QU'EN DIRA-T-ON? Opéra-comique en un acte, représenté au théâtre de la Foire; (en société avec MM. Pannard et Pontau), *non imprimé.*

CHRONOLOGIQUE.

Le Bacha d'Alger, Opéra-comique en un acte, représenté à la foire St-Laurent; (*non imprimé.*) — 1741. 11 août.

Les Valets, Opéra-comique en deux actes, en vers et en vaudevilles, représenté au théâtre de la foire Saint-Laurent; (en société avec M. de Valois), *non imprimé.* — 21 sept.

Les Vendanges d'Argenteuil, Opéra-comique en un acte, représenté à la foire Saint-Laurent), *non imprimé.* — 9 octob.

Le Prix de Cythère, Opéra-comique, représenté sur le théâtre du faubourg Saint-Germain; (en société avec le marquis de Paulmy.) — 1742. 12 févr.

La fausse Duègne, Opéra-comique en deux actes, représenté sur le théâtre de l'Opéra-comique; (en société avec M. Parmentier), *non imprimé.* — 28 août.

Hippolyte et Aricie, Parodie, représentée par les Comédiens Italiens. — 11 oct.

Don Quichotte chez la Duchesse, Ballet comique en trois actes, représenté par l'Académie Royale de Musique. — 1743. 12 févr.

Le Coq du Village, Opéra-comique en un acte, représenté à la foire Saint-Germain. — 31 mars.

L'Ambigu de la Folie, ou Le Ballet des Dindons, Parodie des Indes Galantes, représentée à la foire Saint-Laurent, (*non imprimée.*) — 31 août.

1743. 5 octob. — L'ASTROLOGUE DE VILLAGE, Parodie du premier acte des Caractères de la Folie, représentée à la foire Saint-Laurent, (*non imprimée.*)

1744. 22 févr. — LA COQUETTE SANS LE SAVOIR, Opéra-comique en un acte, représenté à la foire Saint-Germain; (en société avec M. Rousseau de Toulouse.)

18 mars. — ACAJOU, Opéra-comique en trois actes, représenté sur le théâtre de la foire Saint-Germain.

16 juill. — L'ÉCOLE DES AMOURS GRIVOIS, Opéra-comique en un acte, tout en vaudevilles, orné de plusieurs divertissemens flamands, représenté à la foire Saint-Laurent; (en société avec MM. de la Garde et le Sueur.) La musique est aussi de M. Favart.

10 sept. — LES BATELIERS DE SAINT-CLOUD, Opéra-comique en un acte, représenté à la foire Saint-Laurent.

13 sept. — LE BAL DE STRASBOURG, Divertissement allemand au sujet de la convalescence du roi, représenté à la foire Saint-Laurent; (en société avec MM. de la Garde et Laujon.)

1745. 3 févr. — L'AMOUR AU VILLAGE, Opéra-comique en un acte, représenté sur le théâtre du faubourg St-Germain.

3 févr. — L'ISLE D'ANTICYRE, OU LA FOLIE-MÉDECINE DE L'ESPRIT, Opéra-comique en un acte, donné, anonyme, à la foire Saint-Germain; (*non imprimé.*)

CHRONOLOGIQUE.　xv

Thésée, Parodie de l'Opéra de ce nom, représentée sur le théâtre de la foire Saint-Germain; (en société avec MM. Laujon et Parvi.) — 1745. 17 févr.

La Vallée de Montmorency, Ballet pantomime, représenté à la foire Saint-Laurent, ensuite au Théâtre Italien en 1762, (*non imprimé.*) — 7 sept.

Les Fêtes publiques, Opéra-comique à l'occasion du mariage de Monseigneur le Dauphin; (en société avec MM. de la Garde et le Sueur.) — 1747.

Cythère assiégée, Opéra-comique en un acte, représenté à Bruxelles, et à l'Opéra-comique à la foire Saint-Laurent, le 12 août 1754. — 1748. 12 août.

Le petit maître malgré lui, Opéra-comique en un acte, représenté à la foire Saint-Germain, (*non imprimé.*) — 1751. 4 mars.

Arlequin et Scapin Voleurs par amour, Cannevas italien en trois actes, mêlé de plusieurs scènes françaises, représenté par les Comédiens italiens, (*non imprimé.*) — 4 mars.

Les Amans inquiets, Parodie de Thétis et Pélée, représentée au Théâtre Italien. — 9 mars.

Les Indes dansantes, Parodie de l'Opéra du même nom, représentée au Théâtre Italien. — 26 juill.

Les Amours champêtres, Pastorale en vaudevilles, représentée au Théâtre Italien. — 2 sept.

1752. 8 mars. FANFALE, Parodie d'Omphale en cinq actes, représentée au Théâtre Italien; (en société avec M. Marcouville.)

— 4 sept. TIRCIS ET DORISTÉE, Pastorale, parodie d'Acis et Galatée, représentée sur le Théâtre Italien.

— 1753. 6 mars. BAIOCCO ET SERPILLA, Parodie du Joueur, intermède en trois actes, représentée au Théâtre Italien.

— 28 mars. RATON ET ROSETTE, OU LA VENGEANCE INUTILE, Parodie de Titon et l'Aurore, représentée au Théâtre Italien.

— 26 sept. LES AMOURS DE BASTIEN ET BASTIENNE, Parodie du Devin de Village, représentée au Théâtre Italien; (en société avec M. Harny.)

— 13 nov. LA COQUETTE TROMPÉE, Comédie lyrique, représentée à Fontainebleau sur le théâtre de la Cour, et à Paris, par l'Académie Royale de Musique, le 8 août 1758.

— 18 nov. LES FÊTES DE L'HYMEN, Opéra-comique en un acte, représenté à la foire St-Laurent. (Cette pièce est celle de M. Piron, intitulée *les Jardins de l'Hymen, ou la Rose*, qui fut mise au Théâtre avec des changemens par Favart, MM. la Garde et le Sueur,) *non imprimé*.

— 1754. 9 mars. LES JUMEAUX, Parodie en trois actes de l'Opéra de Castor et Pollux, représentée au Théâtre Italien;

(en société avec M. Guérin de Frémicourt), *non imprimée.*

Zéphir et Florette, Parodie de Zélindor, en un acte, représentée sur le Théâtre Italien ; (en société avec MM. Pannard et Laujon.) — 1754. 23 mars.

La Fête d'amour, ou Lucas et Colinette, pièce en vers libres, en un acte, avec un divertissement et un prologue, représentée sur le Théâtre Italien. — 5 déc.

Le Caprice amoureux, ou Ninette a la Cour, Comédie en deux actes, mêlée d'ariettes, parodie de Bertolde à la Cour, représentée sur le Théâtre Italien. — 1755. 12 mars.

La Bohémienne, Opéra-comique en deux actes, en vers, traduit de la Zingara, intermède italien, représentée sur le Théâtre Italien. — 28 juill.

Les Nymphes de Diane, Opéra-comique en un acte, représenté sur le théâtre de la foire Saint-Laurent, et précédemment à Bruxelles, par les comédiens de M. le comte de Saxe, en 1747. — 22 sept.

Les Chinois, Opéra-comique en un acte, en vers, parodie Del Cinese, représenté sur le Théâtre Italien. — 1756. 18 mars.

L'Amour impromptu, Parodie de l'acte d'Églé dans les talens lyriques, représentée sur le théâtre de la foire Saint-Laurent. — 10 juill.

LISTE

— 1756.
11 sept.
LE MARIAGE PAR ESCALADE, Opéra-comique à l'occasion de la prise du port Mahon, représenté sur le théâtre de l'Opéra-comique.

— 1757.
14 mars.
LA RÉPÉTITION INTERROMPUE, OU LE PETIT MAÎTRE MALGRÉ LUI. C'est la reprise, avec beaucoup de changemens, de la même pièce portée sous le premier titre seulement, en l'année 1735.

— 21 juill. LA PETITE IPHIGÉNIE, Parodie de la grande, en un acte et en vers, représentée sur le Théâtre Italien; (en société avec M. l'abbé de Voisenon.)

— 1 sept. LES ENSORCELÉS, ou JEANNOT ET JEANNETTE, Parodie tirée du roman de Daphnis et Chloé, représentée au Théâtre Italien; (en société avec M. Guérin de Frémicourt.)

— 1758.
26 janv.
LA NOCE INTERROMPUE, Parodie d'Alceste, en trois actes, représentée au Théâtre Italien.

— 4 mars. LA FILLE MAL GARDÉE, OU LE PÉDANT AMOUREUX, Parodie de la Provençale, représentée au Théâtre Italien.

8 août. LES FÊTES D'EUTERPE, Ballet en trois actes, représenté par l'Académie Royale de Musique. Le premier est tiré des œuvres de M. de Moncrif. Le second est de M. Danchet; et le troisième, dont le sujet est comique fut composé par M. Favart.

CHRONOLOGIQUE.

La Soirée des Boulevards, Ambigu-comique, représenté au Théâtre Italien. — 1758. 13 nov.

Pétrine, Parodie de Proserpine, représentée sur le Théâtre Italien. (M. Sédaine y a fait plusieurs couplets.) — 1759. 13 janv.

La Parodie au Parnasse, Opéra-comique en un acte, représenté à la foire Saint-Germain. — 20 mars.

Le Retour de l'Opéra-comique, Vaudeville en un acte, représenté sur le théâtre de la foire Saint-Laurent. — 28 juin.

Le Départ de l'Opéra-comique, Compliment de clôture, représenté à la foire Saint-Laurent. — 9 octob.

Les Couplets en procès, Prologue de MM. Lesage et Dorneval, remis en scène avec des changemens par MM. Anseaume et Favart, représenté au Théâtre Italien, (non imprimé.) — 1760. 31 janv.

La Ressource des Théâtres, Vaudeville en un acte, représenté sur le théâtre de l'Opéra-comique. — 31 janv.

La Nouvelle Troupe, Comédie en un acte et en vers, représentée au Théâtre Italien. Cette pièce qui fut donnée sous le nom de M. Anseaume seul, a été faite en société avec MM. de Voisenon et Favart. — 9 août.

La Fortune au Village, Parodie de l'acte d'Églé, représentée sur le Théâtre Italien; (en société avec M. Ber.....) — 8 octob.

LISTE

— 1761.
9 avril. SOLIMAN II, OU LES TROIS SULTANES, Comédie en trois actes et en vers libres, représentée par les Comédiens Italiens.

— 1762.
15 févr. ANNETTE ET LUBIN, Comédie en un acte et en vers libres, mêlée d'Ariettes et de Vaudevilles, représentée par les Comédiens Italiens ; (en société avec M. L. de S.)

PARODIE D'ANNETTE ET LUBIN, représentée seulement sur des théâtres de société. Cette pièce, qui jusqu'à présent n'avait pas été imprimée, se trouve à la suite de la Comédie qu'elle parodie.

19 mai. LE PROCÈS, OU LA PLAIDEUSE, Comédie en trois actes et en vers, mêlée d'ariettes, représentée aux Italiens ; (*non imprimée*.)

— 1763.
14 mars. L'ANGLAIS A BORDEAUX, Comédie en un acte et en vers libres, représentée au Théâtre Français.

— 4 juill. LES FÊTES DE LA PAIX, Divertissement en un acte, à l'occasion de l'inauguration de la statue du roi, et de la publication de la paix, représenté par les Comédiens Italiens.

— 1765.
14 août. ISABELLE ET GERTRUDE, OU LES SYLPHES SUPPOSÉS, Comédie en un acte, mêlée d'ariettes, représentée sur le Théâtre Italien.

— 26 oct. LA FÉE URGÈLE, OU CE QUI PLAÎT AUX DAMES, Comédie en quatre actes, mêlée d'ariettes, représentée à Fontainebleau par les Comédiens Italiens, et à Paris, le 4 décembre suivant.

La Fête du Château, Divertissement mêlé de vau- 1766.
  devilles, représenté au Théâtre Italien. 25 sept.

Les Moissonneurs, Comédie en trois actes et en 1768.
  vers, mêlée d'ariettes, représentée au Théâtre 27 févr.
  Italien.

L'Amant déguisé, ou le Jardinier supposé, Co- 1769.
  médie en un acte, mêlée d'ariettes, représentée 2 sept.
  sur le Théâtre Italien ; (en société avec M. l'abbé
  de Voisenon.)

La Rosière de Salenci, Comédie en trois actes, 25 cto.
  mêlée d'ariettes, représentée à Fontainebleau par
  les Comédiens Italiens, et à Paris, le 14 décembre,
  même année.

L'Amitié a l'épreuve, Comédie en un acte et en 1771.
  vers, mêlée d'ariettes, représentée sur le Théâtre 24 janv.
  Italien ; (en société avec M. l'abbé de Voisenon.)
  Cette pièce, que M. Favart retoucha plusieurs
  fois, fut réduite en deux actes ; enfin il la remit en
  trois actes, et elle fut représentée de cette façon,
  le 24 octobre 1780. C'est ainsi qu'elle est restée au
  Théâtre.

La Belle Arsène, Comédie-Féerie en quatre actes 1773.
  et en vers, mêlée d'ariettes, représentée à Fontai- 6 nov.
  nebleau par les Comédiens Italiens, et à Paris, par
  les mêmes, le 14 août 1775.

xxij LISTE CHRONOLOGIQUE.

1783. LES RÊVERIES RENOUVELÉES DES GRECS, Parodie d'Iphigénie en Tauride, représentée au Théâtre Italien ; (en société avec MM. Guérin de Frémicourt et M***.)

1790. LA VENGEANCE DU BAILLI, SUITE D'ANNETTE ET LUBIN, Comédie en deux actes, mêlée d'ariettes, représentée sur le théâtre de Monsieur, (*non imprimée.*)

M. Favart a encore composé un grand nombre de petites pièces et de divertissemens pour les théâtres particuliers des seigneurs de la cour, entr'autres :

LA COUR DE MARBRE, Divertissement en un acte fait pour les petits appartemens ; (en société avec M. de la Garde.)

LES ALBANES, ou L'AMOUR VENGÉ, Comédie faite à l'occasion du mariage de l'archiduchesse d'Autriche.

UN PROLOGUE SUR LES VICTOIRES DU ROI.

LES COMÉDIENS EN FLANDRES, Comédie en trois actes.

NOUVEAUX INTERMÈDES ET DIVERTISSEMENS DE L'INCONNU, exécutés à Fontainebleau.

LA BOUTIQUE DU POÈTE, Prologue.

LE BON ACCORD, pour une fête donnée par madame de Monconseil à M. de Calonne.

LES TROIS NANNETTES, Comédie en un acte. (Ces pièces, et beaucoup d'autres, n'ont pas été imprimées.)

ÉPITRE

ADRESSÉE A MONSIEUR FAVART,

PAR SON AMI VADÉ.

Honneur te soit pour qui présente épître,
Sans art aucun sort de sur mien pulpitre,
Unique appui du Comique Opéra,
Dont le mérite en mon cœur opéra
Franche amitié, qui chaudement exige
Du Dieu rimeur que pour toi l'on érige
Temple doré, que Muses orneront
Des saints lauriers qui couronnent leur front.

AIR : *Hé! comment pourrait-on soupirer tristement!*

Tu ravis
Les cœurs et les esprits.
Tes écrits
N'ont point de prix ;
Et les ris
Sans toi s'éclipseraient de Paris.

ÉPITRE

Faut-il peindre
Des Grivois les amours ;
D'une Agnès faut-il feindre
Les innocens discours ;
FAVART, sans se contraindre,
Réussit toujours.

Tu vaux de l'or ! ceci n'est équivoque.
Pour te priser, aujourd'hui, je n'invoque
Messer Phébus ; ains la Sincérité :
Autre que moi, t'aurait complimenté
En vers pimpans, nommés langue divine,
Autrement dit épître alexandrine ;
Mais point ne sais étaler tels bijoux.
Mieux me convient d'admirer acajoux :
Ainsi soit-il. Amen. Oui, je t'admire ;
Je ne suis seul ; chaque jour j'entends dire :
Connaissez-vous les Œuvres de FAVART ?
Ce garçon-là fait tout ce qu'il veut ; car

AIR : *Margot sur la brune.*

Il a de Pindare
Dérobé la guitare ;
Il a de Pindare
Volé les doux accords :
Ou bien Thalie
Souvent confie
A son génie
Tous ses trésors.
Non, c'est qu'il a le diable au corps.
Les grands comédiens souhaitent qu'il t'emporte :
Aussi bien que la Darimath,
Avec elle et Douroet tu fais si bien en sorte,
Que tu les rends échec et mat.

A M. FAVART.

Ami, dis-moi comment, et par quels charmes
En ris plaisans tu convertis les larmes
Que de nos yeux fait couler Mahomet?
Où diantre as-tu pêché ton Moulinet?
Oncques ne vids si chatouillante scène !
Fille qui voit sur les bords de la Seine
Corps de nageur, nu comme Dieu l'a fait,
S'en va rêvant, le cœur moins satisfait
Que ne l'avais en sortant de ta pièce.
Qui désormais aura la hardiesse
De projeter ouvrage dans ton goût?
En vain plus d'un compte en venir à bout.

Air *des Pierrots.*

Garguille a fait une chanson,
Et par la ville
Court ce vaudeville.
Vous devriez bien, lui dit-on,
Mettre à profit votre Apollon.
On m'approuve ! Je suis habile :
Forgeons, dit-il, un comique opéra,
Qui, comme ceux de FAVART, charmera;
Ah ! ah ! je voudrais bien voir ça !

COUPLET

A MADAME FAVART,

PAR M. L'ABBÉ DE L'ATTAIGNANT.

Air du *Menuet d'Exaudet.*

J'ai chanté
La beauté,
La jeunesse,
Tout ce qu'on nomme agrément,
Don de plaire, talent,
Graces et gentillesse,
Regard fin,
Ris badin
Dans Glycère ;
Dans Hébé joli minois ;
De Thérèse la voix
Légère ;
Dans la vive Éléonore,
Taille et pas de Therpsicore ;
Gestes, tons
Et façons
Dans Julie,
Du public l'ont fait aimer,
Et l'ont fait surnommer
Thalie.

LA CHERCHEUSE D'ESPRIT,

OPÉRA COMIQUE.

Représenté pour la première fois sur le Théâtre de la Foire Saint-Germain, le 20 Février 1741.

> Il est un Auteur en crédit,
> Qui dans tous les temps saura plaire :
> Il fit *la Chercheuse d'Esprit*,
> Et n'en chercha pas pour la faire.
> CRÉBILLON.

ACTEURS.

Mad. MADRÉ, riche Fermière.
M. SUBTIL, Tabellion.
M. NARQUOIS, Savant.
NICETTE, fille de madame Madré.
ALAIN, fils de M. Subtil.
L'ÉVEILLÉ.
FINETTE.

(*Le Théâtre représente un village. La maison de madame Madré est dans le fond.*)

LA CHERCHEUSE D'ESPRIT,

OPÉRA COMIQUE.

SCÈNE PREMIÈRE.

M. SUBTIL, Mad. MADRÉ.

M. SUBTIL.

Ah ! je vous rencontre à propos, ma commère Madré ; j'allais vous voir.

Mad. MADRÉ.

Par quel hasard, monsieur Subtil ?

M. SUBTIL, *mystérieusement*.

Je viens vous dire que j'ai dessein de me remarier.

Mad. MADRÉ.

De vous remarier ? C'est fort bien fait. J'ai envie aussi de me remarier, moi.

LA CHERCHEUSE D'ESPRIT,

M. SUBTIL.

Ah! ah! je suis charmé de cette conformité : cela m'encourage à vous faire la demande.....

Mad. MADRÉ.

Vous voulez m'épouser ? Je vous devine.

M. SUBTIL.

Pas tout à fait.

Mad. MADRÉ.

Comment l'entendez-vous donc ?

M. SUBTIL.

C'est votre fille que je demande en mariage.

Mad. MADRÉ, *étonnée*.

Ma fille! ma fille Nicette?.....

M. SUBTIL.

Oui, Nicette, votre fille.

Mad. MADRÉ.

Vous badinez ?

M. SUBTIL.

Nenni, ma foi.

AIR *des Feuillantines.*

Je veux être son époux.

Mad. MADRÉ.

Entre nous,
Compère, qu'en feriez-vous ?

M. SUBTIL.

Belle demande, Madame,
J'en ferais...... parbleu! j'en ferais ma femme.

Mad. MADRÉ.

Air: *Je ne vous ai vu qu'un seul petit moment.*

Elle, votre femme?...

M. SUBTIL.

Oui vraiment.

Mad. MADRÉ.

Hélas!
C'est une chose qui ne se peut pas.

M. SUBTIL.

Air: *Si la jeune Iris a pour moi du mépris.*

Expliquez-vous mieux ;
Je ne suis pas si vieux.

Mad. MADRÉ.

Qu'importe?

M. SUBTIL.

Mon amour vous exhorte
A me rendre content.

Mad. MADRÉ.

Nicette est un enfant.

M. SUBTIL.

Qu'importe?
J'en suis enchanté.

Air: *Tes beaux yeux, ma Nicole.*

Sa taille est ravissante,
Et l'on peut déjà voir
Une gorge naissante
Repousser le mouchoir ;
Elle a par excellence,
Un teint... des yeux... elle a...
Elle a son innocence,
Qui surpasse cela.

Mad. MADRÉ.

Mais ignorez-vous que Nicette est la simplicité même ?

M. SUBTIL.

Tant mieux, morbleu !

Mad. MADRÉ.

Vous auriez là une jolie statue !

Air : *Que je suis à plaindre en cette débauche !*

Machinalement elle coud, tricote,
Et jamais ne lâche un mot.

M. SUBTIL.

Bon ; tant mieux, tant mieux.

Mad. MADRÉ.

Mais elle est si sotte....

M. SUBTIL.

Je risquerai moins d'en être sot.

Mad. MADRÉ.

Comment ? un homme d'esprit comme vous, procureur et notaire royal, qui pis est, épouser une agnès ?

M. SUBTIL.

C'est pour la rareté du fait.

Mad. MADRÉ.

Vous voulez vous distinguer.

M. SUBTIL.

Ma défunte n'avait que trop d'esprit, de par tous les diables !

Mad. MADRÉ.

C'est singulier, que vous autres gens de pratique,

rusés et malins de votre naturel, vous trouviez toujours des femmes plus rusées et plus malignes que vous.

M. SUBTIL.

C'est pour éviter ce malheur, que je veux épouser Nicette. L'heureuse simplicité !

Mad. MADRÉ.

Oui, hom ! je ne sais où j'ai pêché cette bestiole.

M. SUBTIL.

Air: *J'offre ici mon savoir-faire.*

Que diriez-vous donc, ma chère,
Que diriez-vous d'Alain mon fils ?

Mad. MADRÉ.

Moi, je dis qu'Alain vaut son prix.

M. SUBTIL.

Est-il un plus sot caractère ?

Mad. MADRÉ.

Moi, je dis qu'Alain vaut son prix.

M. SUBTIL.

De moi ce nigaud ne tient guère.

Mad. MADRÉ.

Air: *Je voudrais bien me marier.*

De vous il tient peu, je le croi,
Ainsi disait sa mère.

M. SUBTIL.

Je ne sais qu'en faire, ma foi.

Mad. MADRÉ.

Si vous vouliez, compère,
Je saurais bian qu'en faire, moi,
Je saurais bian qu'en faire.

Tenez, monsieur le tabellion, ce garçon-là ne vaut rien pour votre étude : pardi, mettons-le au labour ; il y a moyen de s'accommoder troc pour troc ; je vous donne Nicette, vous me donnerez Alain.

M. SUBTIL.

Quoi ! vous voudriez être femme de ce benêt-là ?

Mad. MADRÉ.

Chacun a ses petites raisons, mon compère ; nous ne manquons pas d'esprit, vous et moi.

Air : *C'est fort bien fait à vous.*

> Craignez-vous l'artifice
> Fatal à maint époux ?
> Prenez une novice,
> C'est fort bien fait à vous :
> Mais moi que je choisisse,
> Pour engager ma foi,
> Un garçon sans malice,
> C'est fort bien fait à moi.

Allons, déterminez-vous.

M. SUBTIL.

Parbleu ! Nicette mérite bien que je vous accorde Alain. Touchez là.

Mad. MADRÉ.

C'est marché fait.

M. SUBTIL.

J'irai tantôt chez vous dresser les articles des contrats.

Mad. MADRÉ.

Et nous ferons nos noces à l'abri de celles de ma

nièce, qui épouse aujourd'hui l'Eveillé, comme vous le savez.

M. SUBTIL.

C'est bien dit. J'aperçois Nicette : laissez-moi la pressentir un peu sur cette affaire.

Mad. MADRÉ, *à part,*

J'ai peur qu'il ne se repente !....

SCÈNE II.

NICETTE, Mad. MADRÉ, M. SUBTIL.

Mad. MADRÉ, *à Nicette.*

Venez çà. Comme ça se tient ! Levez la tête, saluez monsieur, et répondez sur ce qu'il vous dira.

(*Nicette salue niaisement.*)

M. SUBTIL.

Air : *Si cela est, hé bien ! tant pis.*

Approchez, mon aimable fille.
(*à part.*)
Ah ! que je la trouve gentille !
(*à Nicette.*)
Votre douceur
Gagne le cœur.

NICETTE.

Le cœur !

LA CHERCHEUSE D'ESPRIT,

M. SUBTIL.

Pour vous, Nicette, je soupire ;
C'est l'effet d'un regard que vous m'avez lancé.

NICETTE.

Lancé !

M. SUBTIL.

Soulagez mon martyre :
Pour jamais l'amour m'a blessé.

NICETTE.

Blessé !

Mad. MADRÉ.

L'entretien me fait rire.

M. SUBTIL.

De ces yeux si jolis
Tous les coups sont partis.
Je meurs d'amour.

NICETTE.

Hé bien ! tant pis.

Mad. MADRÉ, à M. Subtil.

Vous lui parlez hébreu. (à Nicette.) Nicette, M. le Tabellion se présente pour être votre mari.

M. SUBTIL.

Oui, ma belle enfant.

Air : *L'éclat de mon bonheur.*

Je viens de vous choisir
Pour ma petite femme ;
Auriez-vous du plaisir
En m'épousant ?

NICETTE.

Oh dame!

M. SUBTIL.

Hé bien ?

Mad. MADRÉ.

Achevez donc.

NICETTE.

Oh ! dame... Je n'en sais rien.

Mad. MADRÉ.

Comment ? est-ce ainsi qu'on doit répondre ?

NICETTE.

Eh ! mais je ne peux pas savoir ça, moi.

Mad. MADRÉ.

Il faut faire une révérence, et dire : *Oui, Monsieur*.

M. SUBTIL.

Ma chère Nicette, est-ce que vous auriez de la répugnance pour moi ?

NICETTE *faisant la révérence*.

Oui, Monsieur.

Mad. MADRÉ.

La petite impertinente !

NICETTE.

Vous m'avez dit de dire comme ça.

Mad. MADRÉ.

Oui, d'abord; mais à présent il faut dire *non*.

M. SUBTIL *à Nicette*.

Je vous demande si vous me trouvez digne d'être votre mari ?

LA CHERCHEUSE D'ESPRIT,

NICETTE.

Non, Mons.... Je dis non, ma mère.

M. SUBTIL.

Ah! laissez-la parler comme elle voudra : ses réponses me font voir qu'elle n'entend pas le langage des amans.

Air: *Ces filles sont si sottes.*

Cela me prouve son honneur.

(à Nicette.)

Oui, vous avez, mon petit cœur,
Des trésors que j'admire,
De la vertu, de la pudeur.

Mad. MADRÉ.

Répondez, petite fille.

NICETTE.

Cela vous plaît à dire,
Monsieur,
Cela vous plaît à dire.

Mad. MADRÉ.

Quels discours! quel esprit matériel!

M. SUBTIL.

Air: *Adieu, voisine.*

Je saurai bien le déboucher;
Ah! l'aimable innocence!
Rien encor n'a pu l'enticher :
Quel plaisir, quand j'y pense!
Ah! quel plaisir de défricher
Son ignorance!

Mad. MADRÉ.

Air: *Dormir c'est un temps perdu.*

Son esprit ne sortira
Jamais de sa cosse;

Toujours bête elle sera,
Après comme avant la noce.
Moi, je n'ignorais de rien,
Dès son âge.....

M. SUBTIL.

On sait fort bien
Que vous fûtes précoce.

Vous l'intimidez. *(à Nicette.)* Venez-çà, répondez à votre fantaisie. Oui, oui, votre mère le veut bien.

Mad. MADRÉ, *à Nicette.*

Parlez, parlez.

M. SUBTIL.

Écoutez-moi.

A i r: *Ma femme est femme d'honneur.*

Avec vous je veux m'unir.
Je me flatte d'obtenir
Votre main, ma chère.

NICETTE.

Ma main! pourquoi faire?

M. SUBTIL.

Je vais me marier avec vous.

NICETTE.

Marier!....

M. SUBTIL.

Oui, je vous chérirai avec tendresse; il faut de son côté qu'une femme ait beaucoup d'amitié pour son mari. M'aimerez-vous bien?

NICETTE.

Oui, Monsieur.

M. SUBTIL.

Elle dit oui, ma commère; que je suis content!

Air: *Ce qui n'est qu'enflure.*

Sur cet aveu plein d'appas,
Mon bonheur se fonde.

NICETTE.

Quoi! Monsieur, ne doit-on pas
Aimer tout le monde,
Aimer tout le monde?

M. SUBTIL.

Ce ne serait pas là mon compte.

Mad. MADRÉ.

C'en est trop : Je perds patience.

M. SUBTIL.

Ne la chagrinez pas : elle est telle que je désire.

Mad. MADRÉ.

Laissez-la donc, pour songer au reste.

(à Nicette.)

Air: *Pourquoi vous en prendre à moi?*

Allez chercher de l'esprit,
Nigaude, pécore,
Allez chercher de l'esprit.

NICETTE.

Pourquoi me gronder encore?

M. SUBTIL.

Contr'elle qui vous aigrit?

Mad. MADRÉ.

Allez chercher de l'esprit,
Nigaude, pécore,
Allez chercher de l'esprit.

NICETTE.

Mais je ne sais pas où l'on en trouve.

Mad. MADRÉ s'en va en haussant les épaules.

Hom!......

M. SUBTIL *rit.*

Ah! ah! ah! Sans adieu, belle Nicette.

SCÈNE III.

NICETTE *seule.*

Que je suis malheureuse! Ma mère me dit tous les jours: Allez chercher de l'esprit; et quand je demande où il y en a, elle hausse les épaules, et se moque de moi.

AIR: *Quel désespoir.*

Quel désespoir
D'être sans esprit à mon âge!
Quel désespoir!
Je pleure du matin au soir.
Il faudra voir
Si l'on en vend dans le village.
Quel désespoir!
Je pleure du matin au soir.

(*Apercevant M. Narquois, qui se promène en lisant.*)

Je vois un habile homme,
Que pour l'esprit on renomme.

SCÈNE IV.

M. NARQUOIS, NICETTE.

NICETTE *continue, en abordant M. Narquois.*

Monsieur, dites-moi comme
Je dois faire pour m'en pourvoir.

M. NARQUOIS.

Il faut savoir......

NICETTE.

Daignez, non pas pour grosse somme,
M'en faire avoir,
Si vous en avez le pouvoir.

M. NARQUOIS.

Expliquez donc la chose.

NICETTE.

Excusez-moi, si j'ose.....

M. NARQUOIS.

Expliquez donc la chose.

NICETTE.

C'est......

M. NARQUOIS.

Elle hésite, elle rougit.

NICETTE.

C'est qu'il s'agit.
C'est que je voudrais une dose.....

M. NARQUOIS.

De quoi ?

NICETTE.

D'esprit.
Voulez-vous m'en faire crédit?

M. NARQUOIS.

Ah! ah!

NICETTE.

On dit com'ça, monsieur Narquois, que vous êtes bien savant; et que vous avez été obligé de quitter Paris, parce que vous aviez trop d'esprit.

M. NARQUOIS.

C'est la vérité, ma fille.

NICETTE.

Je ne puis donc mieux m'adresser pour en avoir.

M. NARQUOIS.

Air: *Je veux garder ma liberté.*
Cela ne s'acquiert qu'à grands frais.

NICETTE.

Ah! Monsieur, quel dommage!
Je n'ai pas de grands moyens; mais,
En attendant davantage,
Prenez mon anneau.

M. NARQUOIS.

Gardez ce joyau,
Je n'en puis faire usage.

J'agis sans intérêt, mon enfant; mais de quel espèce d'esprit voulez-vous, car il y en a de plusieurs sortes?

NICETTE.

Dame, je veux du meilleur.

M. NARQUOIS.

De cet esprit, chef-d'œuvre de l'art, brillanté par l'imagination, et rectifié par le bon sens ?

NICETTE.

Je ne connais pas ces gens-là.

M. NARQUOIS.

AIR : *Confiteor.*

On peut définir cet esprit,
Saillie aimable et raisonnée;
Ou, comme un de nos auteurs dit,
C'est la raison assaisonnée.
Mon enfant, vous comprenez bien ?

NICETTE.

Comme si vous ne disiez rien.

M. NARQUOIS.

L'esprit que vous me demandez est une chose bien rare !

NICETTE.

Comment avez-vous trouvé le vôtre ?

M. NARQUOIS.

En feuilletant de bons livres.

NICETTE.

C'est donc pour feuilleter des livres que ma mère s'enferme dans le cabinet de monsieur le Bailli ?

M. NARQUOIS.

Cela peut être.

NICETTE.

Prêtez-moi celui que vous tenez.

M. NARQUOIS.

Pourquoi faire ?

NICETTE.

Pour le feuilleter, afin de trouver tout d'un coup de l'esprit comme vous.

M. NARQUOIS.

Ah! ah! L'esprit ne se trouve pas si promptement. Le mien est le fruit d'une longue étude. J'ai commencé par les humanités.

NICETTE.

Je suis déjà fort humaine.

M. NARQUOIS.

Ensuite, j'ai étudié la rhétorique, la philosophie, le droit.

NICETTE.

Et ma mère, a-t-elle aussi étudié tout cela?

M. NARQUOIS.

Non vraiment.

NICETTE.

(AIR: *Suivons l'amour : c'est lui qui nous mène.*)

Oh bien, tenez, c'est trop de mystère,
Monsieur Narquois, donnez-moi plutôt
Du même esprit dont se sert ma mère ;
Car c'est, je crois, de celui qu'il me faut.

M. NARQUOIS.

C'est-à-dire, que vous demandez de l'esprit naturel.

NICETTE.

Naturel, soit.

M. NARQUOIS.

Oh! oh! celui-là est un présent de la nature, que l'éducation ne saurait donner.

LA CHERCHEUSE D'ESPRIT,

NICETTE.

Comment ?

M. NARQUOIS.

Air : *O riguingué o lon lan la.*

On peut fort bien le cultiver ;
Mais non pas en faire trouver.

NICETTE.

Vous voulez me faire endéver.

M. NARQUOIS.

Ma fille, en cette conjoncture,
L'art ne peut rien sans la nature.

NICETTE.

Est-ce que vous n'avez pas de cet esprit-là, vous ?

M. NARQUOIS.

J'en ai ; mais....

NICETTE.

Mais vous ne voulez pas m'en donner : c'est bien vilain.

Air : *Tu n'as pas le pouvoir.*

En vous j'ai mis tout mon espoir.

M. NARQUOIS.

J'aurais beau le vouloir ; *bis.*
Hélas ! malgré tout mon savoir,
Je n'ai pas ce pouvoir. *bis.*

NICETTE.

Il me quitte. Je ne connais rien de plus chiche que ce vieillard-là.

SCÈNE V.

L'ÉVEILLÉ, NICETTE.

L'ÉVEILLÉ.

AIR: *L'agaçante. Je vous aime Célimène.*

FINETTE avec moi s'engage;
Ma personne l'attendrit.
Je l'empaumons par mon langage;
Morgué, vivent les gens d'esprit.
    La fortune me rit;
J'épousons la perle du village.
    La fortune me rit;
Morgué, vivent les gens d'esprit.

NICETTE.

Ah! vous en avez! Donnez-m'en, monsieur l'Éveillé.

L'ÉVEILLÉ.

AIR: *Viens, ma Bergère, viens seulette, o lon lan la lan derira.*

Que voulez-vous de moi, Nicette?
    O lon lan la lan derira.
Tatigué, qu'alle est joliette!
    O lon lan la lan delirette,
Que d'agrémens elle a déjà!

NICETTE.

AIR: *Vous en venez, vous en venez.*

L'esprit serait mieux mon affaire;
J'en demande mon nécessaire.

L'ÉVEILLÉ.

Oh! puisque vous en désirez,
Vous en aurez, vous en aurez;
Je prévois bian que vous en aurez,
Que vous en aurez.

NICETTE.

Voyez ce vilain monsieur Narquois : il m'a dit com'ça que ça ne se pouvait pas.

L'ÉVEILLÉ.

Bon, bon, v'là encore un biau olibrius : il n'a de l'esprit qu'en latin ; j'en avons en français.

AIR : *Le tout par nature.*

Oh! quant à l'égard de ça,
De reste j'en avons là
Comme moi Finette en a,
Et bientôt, je vous jure,
Comme à nous il vous en viandra;
Le tout par nature.

NICETTE.

Et ça ne peut-il pas se donner?

L'ÉVEILLÉ.

Oui, vraiment.

AIR : *Tout cela m'est indifférent.*

En voici la comparaison :
Lorsque l'on greffe un sauvageon,
La sève, par ce stratagême,
Se communique et fait profit.
Il en est ainsi tout de même,
On peut se bailler de l'esprit.

NICETTE.

Et ne pourriez-vous m'en faire avoir dès-à-présent ?

L'ÉVEILLÉ.

Moi ? Eh mais........Tatiguoi ! Alle est bien drolette.

Air : *Oh ricandaine, oh ricandon.*

Et pourquoi non, mon biau tendron,
Oh ricandaine, oh ricandon ;
Quoique j'ayons l'air un peu rond,
  J'en savons long.
Avec ce petit bec mignon,
Votre recharche, mon trognon,
  N'est pas vaine.
Le joli minois que voilà !
Pour vous il me parle déjà.

(*Il rit.*)

Ah ! ah ! ah ! ah ! ah ! ah ! ah !
Çà, puisque l'esprit est sur jeu,
Par la jarni, je sens bien que......
Oui, je vous en baillerai,
  O ricandaine,
Je vous en donnerai,
  O ricandé.

NICETTE.

Air : *Donnez amant, mais donnez bien.*
(Vaudeville du Magnifique.)

Vos bontés me rendent confuse.
Me ferez-vous de tels présens,
A moi qui n'ai que quatorze ans ?

L'ÉVEILLÉ.

Jamais l'esprit ne se refuse.
Laissez faire, je vous donnerai tout ce que j'en ai.

NICETTE.

Air : *Non, je ne veux pas rire.*

(*à part.*)

Me donner tout l'esprit qu'il a !
Vaux-je la peine de cela ?

LA CHERCHEUSE D'ESPRIT,

L'ÉVEILLÉ.

Oui, ma petite reine,
Vous en valez bien la peine,
Vous en valez bien la peine;
Oui-dà,
Vous en valez bien la peine.

NICETTE.

AIR: *Allons la voir à St-Cloud.*

D'un pareil bienfait, hélas!
Je serai reconnaissante.
Surtout ne me trompez pas,
Car je suis bien innocente.

L'ÉVEILLÉ.

Pargué, j'en serais bian fâché.

NICETTE.

Il faut me faire bon marché,
Car je ne suis pas riche.

L'ÉVEILLÉ.

Et moi je ne suis pas chiche.

Je suis un garçon fort sarviable, fort charitable; je ne demandons que vot' amiquié.

NICETTE.

C'est trop juste.

L'ÉVEILLÉ.

AIR: *Vaudeville du retour de Fontainebleau.*

Gardez-vous sur cet entretien
De jaser avec Finette.
Allez, je vous instruirons bien;
Çà, commençons, belle Nicette.

SCÈNE VI.

L'ÉVEILLÉ, FINETTE, NICETTE.

FINETTE *retirant l'Éveillé.*

Ah! gué, gué, gué, gué, comme il y va,
La, la, la, la, la, la, la, la, la, la, la, la, la, la, la.

L'ÉVEILLÉ.

Me v'là pris comme un renard.

NICETTE.

Pardi, ma cousine Finette, vous êtes bian insupportable de venir nous interrompre comme ça mal-à-propos.

FINETTE.

Oui-dà!

Air: *L'autre jour Colin d'un air badin.*

(*à l'Éveillé.*)

Avec ce tendron,
Vous vouliez donc
Ici me faire niche?

L'ÉVEILLÉ.

Qu'appréhendez-vous?

FINETTE.

Craignez mon courroux!

L'ÉVEILLÉ.

Queu transport jaloux!
Je ne lui fais pas les yeux doux.

FINETTE.

De compter fleurette
Vous n'êtes pas chiche;
Laissez-là Nicette;
Tôt que l'on déniche.
Pour cette poulette,
L'Éveillé me triche,
Tout prêt d'être mon mari,
Fi!

L'ÉVEILLÉ.

AIR: *Tourlourirette lironfa.*

Écoutez-moi, belle brunette,
Et calmez ce burlesque dépit.

(*Il rit.*)

FINETTE.

Je crois encore qu'il en rit.

L'ÉVEILLÉ.

C'est... c'est... c'est que Nicette
Cherche partout de l'esprit....
Queu mal fait-on quand on l'instruit?

NICETTE.

AIR: *Tarare Pompon.*

M'empêcher d'en avoir vous n'êtes guère bonne.
Mais il m'en donnera
Pour cette bague-là.

FINETTE.

Doucement, ma mignone,
Je lui défends.

NICETTE.

Pourquoi?

FINETTE.

Oh! l'Éveillé n'en donne
Qu'à moi.

NICETTE.

Eh mais, vous en avez tant.

FINETTE.

On n'en saurait trop avoir.

NICETTE.

Laissez-la dire, monsieur l'Éveillé. Donnez-m'en toujours.

L'ÉVEILLÉ.

Air: *C'est la chose impossible.*
Oh! Finette ne le veut pas.

NICETTE.

Franchement cela me chagrine.
Que dois-je faire en pareil cas?
Ayons recours à ma cousine.
Je compte sur vous pour cela;
Donnez-m'en donc.

L'ÉVEILLÉ.

Qu'alle est risible!
C'est la la la la la la la-la,
C'est la chose impossible.

FINETTE.

Allez, l'Éveillé se moque de vous; ça ne se donne point, ça vient tout seul.

NICETTE.

Et quand ça vient-il donc?

FINETTE.

Dame, ça vient..... ça vient quand ça vient. Queu question elle fait là !....

LA CHERCHEUSE D'ESPRIT,

NICETTE.

Air : *Ah ah! venez-y toutes les belles jeunes filles moudre.*

Ne puis-je savoir comme
Cet esprit me viendra ?

L'ÉVEILLÉ.

Ce sera
Lorsqu'auprès d'un jeune homme,
Le petit cœur fera
Ti ta ti ta ti ta ta.
Et que vous sentirez naître
Un désir pressant de connaître
Ce qui cause ça.

NICETTE.

Je n'y entends rien.

L'ÉVEILLÉ.

C'est que vous ne savez pas ce que c'est que l'esprit.

NICETTE.

Qu'est-ce que c'est donc ?

L'ÉVEILLÉ.

L'esprit, c'est..... c'est une belle chose !

NICETTE.

Hé bien ?

L'ÉVEILLÉ.

Ça sart biaucoup aux filles.

NICETTE.

Hé bien ?

L'ÉVEILLÉ.

C'est.....

FINETTE.

Oh ! c'est..... c'est.... qu'alle aille apprendre d'Alain ce que c'est.

L'ÉVEILLÉ.

Pargué, ça doit faire un bel atelage!

AIR: *Ah que Colin l'autre jour me fit rire!*

Qu'il vous en donne, Alain en est le maître.

NICETTE.

Alain, Alain, cela pourrait-il être?
On dit hélas!
Qu'il n'en a pas.

L'ÉVEILLÉ et FINETTE; *(en s'en allant.)*

Ah! ah! ah! ah! ah! ah! ah! ah! ah! ah!

SCÈNE VII.

NICETTE *seule*.

AIR: *Il faut que je file, file.*

Tout le monde m'abandonne:
Ça me fait sécher sur pié.
Ne trouverai-je personne,
Pour moi de bonne amitié,
Qui m'en donne, donne, donne,
Qui m'en donne, par pitié?

AIR: *Au bout, au bout, au bout du monde.*

Ne perdons pas encore courage,
Informons-nous dans le Village;
Je ferai tant que j'en aurai.
Quêtons à la ronde:
S'il le faut, j'irai
Au bout, au bout, au bout du monde.

AIR: *Rosignolet du verd bocage.*

Je mettrai fin, par cette emplette,
A mon chagrin.

OPÉRA COMIQUE.

NICETTE.

Oui, Alain.

ALAIN.

Stapendant vous avez l'air triste.

NICETTE.

C'est que je suis fâchée.

ALAIN.

Air : *Tu n'as pas ce qu'il me faudrait.*

Hé bien ! Qu'est-ce qui vous chagrène ?

NICETTE.

Ah ! Je n'ai point d'esprit, Alain.

ALAIN.

Quoi ! c'est ça qui vous met en peine ?
Non plus que vous je n'en ai brin ;
Je n'en eus jamais, et j'ignore
A quoi l'esprit me servirait.
Je puis sans ça bian vivre encore.

NICETTE.

Oh ! Moi, je sens bien qu'il m'en faudrait.

Air : *Ton humeur est, Catherine.*

C'est, dit-on, chose fort belle,
Aux filles ça sart biaucoup.

ALAIN.

Où cette drogue croît-elle ?

NICETTE.

Ça se trouve tout d'un coup.

ALAIN.

Là-dessus je voudrais m'instruire.

J'en trouverons mieux,
Quand nous serons deux.

NICETTE.

Si j'en trouve par hasard en mon particulier, je vous en ferai part aussitôt.

ALAIN.

Air : *Une vielle d'argent, lirette.*

Tout à la bonne franquette,
Se partagera.
La part sera bientôt faite,
Dès qu'il m'en viendra.
Tout sera pour vous, Nicette,
Tout pour vous sera.

Je n'en veux avoir que pour vous.

NICETTE.

C'est bian honnête ; mais il faut que ça soit commun. Allons-en chercher au plus tôt.

ALAIN.

Par où faut-il aller ?

NICETTE.

Je n'en sais rien.

ALAIN.

Attendez.

Air : *Un jour le bon père Abraham prêchait avec instance.*

On trouve de tout à Paris,
On en vend là sans doute ;
Ne vous embarrassez pas du prix,
J'en aurons, quoi qu'il coûte.
Ensemble, allons-y de ce pas.
Eh ! Que sait-on ? Peut-être, hélas !
J'en trouverons en route.

NICETTE.

Partons : c'est bien dit.

NICETTE.

Je n'ai pas froid, ma mère.

Mad. MADRÉ.

Allez, vous dis-je, et que je ne sache pas que vous parliez davantage avec Alain, entendez-vous ? que je ne sache pas ça.

NICETTE.

Non, ma mère.

(*Elle sort en regardant Alain à plusieurs reprises. Alain la regarde aller.*)

SCÈNE X.

Mad. MADRÉ, ALAIN.

Mad. MADRÉ.

A quoi vous amusez-vous, Alain, avec une morveuse ? Vous ne dites mot. Un garçon d'esprit répondrait quelque chose.

ALAIN, *d'un ton chagrin.*

Oh ! je n'ai pas d'esprit, moi.

Mad. MADRÉ.

Hé bien, je vous en ferai avoir.

ALAIN, *d'un air joyeux.*

Tout de bon ?

Mad. MADRÉ.

Oui.

Mad. MADRÉ, à part.

C'est moi qu'il aime.

ALAIN.

Je viens de choisir à l'instant.

Mad. MADRÉ.

Ah! qu'il me rend le cœur content!
C'est cet aveu que je demandais.

ALAIN.

Hé bien, ct' amoureuse, comme vous dites?

Mad. MADRÉ.

Air: *Que je regrette mon amant!*

Il faut l'aborder joliment;
Et d'une manière galante
On lui fait un doux compliment.

ALAIN.

Fort bien.

Mad. MADRÉ.

Après on lui présente,
D'un air coquet,
Un bouquet
De muguet,
Ou d'œillet,
Qu'on lui met
A son corset.

ALAIN.

Allez, allez, cela vaut fait.
Mais qu'est-ce que c'est que faire un compliment?

Mad. MADRÉ.

Par exemple, c'est recomparer sa belle aux fleurs, au biau jour; enfin, à ce qu'on trouve de plus agriable.

ALAIN.

Bon; revenons à ct' amoureuse.

ALAIN.

Oh! ce n'est pas la peine.
Alain tantôt
Sera moins sot,
De ça soyez certaine.

Mad. MADRÉ, *à part.*

On lui a dit apparemment que je dois l'épouser. *(à Alain.)* Vous savez donc.....

ALAIN.

Hé! oui, oui, je savons.... Suffit.

Mad. MADRÉ.

A propos, vous êtes de la noce de Finette; je vous choisis pour mon meneux, et je vais acheter des rubans pour vous, comme ça s' pratique.

ALAIN.

Bon, bon. *(à part.)* Je donnerai tout à Nicette.

Mad. MADRÉ.

Suivez-moi.

ALAIN, *bas à Nicette qui paraît.*

Oh! oh! attendez-moi là, mon amoureuse.

FINETTE.

Tout doux!

L'ÉVEILLÉ.

Quelle mouche
Te pique donc?
Tu fais la mitouche
Hors de saison;
Mais je touche,
Biauté farouche,
Au moment d'en avoir raison.

FINETTE.

Nous verrons ça, patience.

L'ÉVEILLÉ.

Tatigué, qu'alle a l'œil fripon!
Alle animerait une souche;
Auprès d'alle, jarnicoton!
J'ai de l'esprit comme un démon.

NICETTE.

On parle d'esprit. Écoutons.

FINETTE.

Pour moi, j'en ons eu dès que je t'ai vu; et bien fin à présent qui m'attraperait.

L'ÉVEILLÉ.

Te souviant-il de la première fois que je te rencontris?

FINETTE.

Oh, que oui.

NICETTE.

Je vais savoir comment l'esprit leux est venu.

SCÈNE XIII.

FINETTE, NICETTE.

FINETTE.

Air : *Toujours va qui danse.*

Les soins, les soucis, l'embarras
 Sont les fruits du mariage ;
On a des enfans sur les bras,
 Il faut faire un ménage ;
Mais de toutes ces peines-là
 Un époux récompense.
Ta la la la la la la la,
 Et toujours va qui danse.

NICETTE *appelle Finette, comme elle est prête d'entrer dans la maison.*

Ma cousine ! ma cousine ! *(à part.)* Il faut que je l'éloigne de cheux nous ; Alain va venir me trouver.

FINETTE.

Qu'est-ce que c'est ?

NICETTE.

(à part vivement.) Elle en instruirait ma mère. *(haut niaisement.)* Monsieur le tabellion m'a dit de vous dire comm'ça, qu'ous alliez cheux lui toute à l'heure, toute à l'heure.

FINETTE.

Est-ce qu'il y aurait queuque anicroche à mon mariage ? Voyons ça.

ALAIN.

J'en ai beaucoup à vous conter ;
Çà, çà, çà, que pour m'écouter
On se réveille.

Même Air.

Elle dort: approchons tout doux.....
Je n'oserais, retirons-nous.

NICETTE.

Je sommeille.

ALAIN.

Nicette, c'est assez dormi ;
C'est la voix d'Alain, votre ami,
Qui vous réveille.

NICETTE *se lève, et présente la main à Alain.*

Allons, baise moi la main, afin que je fasse semblant de me fâcher. Je sais comme vient l'esprit.

ALAIN.

Oh ! je le sais bien itou. Allez, l'esprit vient de l'amour.

NICETTE.

De l'amour ?....

ALAIN.

J'allons vous expliquer ça : Quand on a choisi une amoureuse, c'est-à-dire, queuqu'un qu'on aime bien, on li fait un compliment, et pis encore on li donne des fleurs.

NICETTE.

C'est drôle !

NICETTE.

Non ; mais j'ai bonne espérance, ça me rend joyeuse.

ALAIN.

Air : *De l'amour je subis les lois.*

Recevez-donc ce biau bouquet.

NICETTE.

Très-volontiers.

ALAIN.

Il faut, Nicette,
Que je l'attache à ce corset.

NICETTE.

Très-volontiers.

ALAIN, *après avoir attaché le bouquet.*

L'affaire est faite.
Prenons et baisons cette main.

(*Il baise la main de Nicette.*)

NICETTE, *émue.*

Alain..... Alain..... mon cœur palpite.

ALAIN.

Le mien galope aussi son train.

NICETTE.

Cher Alain,
Quel sujet nous agite ?

Air : *Dieux ! quel moment !*

C'est de l'esprit assurément,
Qui nous vient brusquement.

ALAIN.

Je pensons tout de même.

SCÈNE XVI.

NICETTE, ALAIN, M. SUBTIL.

M. SUBTIL.

Belle Nicette, je viens pour dresser les articles de mon mariage avec vous. Mais vous me paraissez émue ?....

NICETTE *en serrant la main d'Alain qui est caché derrière elle.*

C'est que je suis à côté de ce qui me fait plaisir.

M. SUBTIL.

Je lui fais plaisir ! L'aimable enfant ! Que cette ingénuité a des charmes !

NICETTE, *d'un ton niais, affecté.*

Rendez-moi un service, monsieur Subtil; la noce de ma cousine se fait cheux nous; je n'ai pas achevé d'y ranger; si ma mère venait, elle gronderait. Allez au-devant d'elle pour l'amuser : elle est allée par-là-bas.

Air : *Va-t-en voir s'ils viennent, Jean.*

Empêchez-la que d'ici
   Elle ne s'aproche ;
L'Éveillé, Finette aussi,
   Je crains leur reproche :
Ces causeurs avec maman,
   De moi s'entretiennent.

sans vous. Puisque c'est ainsi, marions-nous nous deux.

ALAIN.

Bon ! comme ça.

NICETTE.

Comment ferons-nous ? Faut-il prendre conseil de l'esprit ?

ALAIN.

Air : *Pour voir un peu comme ça fera.*

C'est raisonner fort prudemment,
Il réglera notre conduite.
J'en étions à l'embrassement ;
De ma leçon c'est une suite.
Belle Nicette, éprouvons-la.
Pour voir un peu comment ça f'ra.

(*L'Éveillé, qu'on ne voit point, chante.*)

Air : *Quel plaisir d'être avec vous !*

Quel plaisir
Vian me saisir !
Voici le moment qui va nous unir.

ALAIN, *avec dépit.*

Peste soit de l'importun !

NICETTE.

C'est l'Éveillé : cachez-vous dans not' maison, je vais bien vite le renvoyer.

SCÈNE XIX.

Mad. MADRÉ, L'ÉVEILLÉ, NICETTE.

Mad. MADRÉ *à M. Subtil, qu'elle fait entrer dans la maison, pendant que Nicette parle à l'Éveillé.*

Entrez toujours, monsieur Subtil; je vais vous envoyer Alain et Nicette.

NICETTE *à l'Éveillé.*

Ne dites pas que je vous l'ai dit, au moins.

L'ÉVEILLÉ.

Non, non, gramerci. *(En s'en allant.)*

*Fin de l'*Air *ci-dessus.*

Quel plaisir
Viant me saisir!
Voici le moment qui va nous unir.

NICETTE *apercevant sa mère.*

Ah, vlà bien autre chose!

NICETTE *vivement.*

Est-ce que vous le savez ?

M. MADRÉ.

Et, vraiment oui.

NICETTE.

Vous l'avez donc vu entrer ?

M. MADRÉ.

Eh oui, vous dis-je. Qu'elle est bête !

NICETTE.

Et vous me permettez que je me marie avec lui, non avec d'autres ?

Mad. MADRÉ.

Oui, oui, esprit bouché, je le permets, je le veux, et je l'ordonne, et vous serez ensemble dès demain.

NICETTE.

Que je suis contente !

Mad. MADRÉ.

Quel empressement ! où court-elle ?

NICETTE.

Alain ? Alain ?...

Mad. MADRÉ, *voyant sortir Alain avec M. Subtil.*

Que vois-je ?

Mad. MADRÉ.

Alain, qu'est-ce qui vous a fait entrer cheux nous?

ALAIN.

Hé, hé, hé, c'est Nicette.

Mad. MADRÉ.

C'est Nicette! c'est Nicette! Expliquez-nous ça, morveuse.

NICETTE.

Dam', ma mère, vous savez bien que vous m'avez dit com' ça : Petite fille, que je ne sache pas qu'ous parliez avec Alain.

Mad. MADRÉ.

Hé bien, est-ce ainsi que vous m'obéissez?

NICETTE.

Vraiment oui. Afin que vous ne le sachiez pas, ni personne, j'ai envoyé Finette d'un côté, l'Éveillé de l'autre; M. Subtil a bien voulu avoir la bonté de faire le guet, et j'ai fait cacher Alain cheux nous.

L'ÉVEILLÉ.

Pargué! en vlà d'une bonne.

M. SUBTIL.

Quelle innocente!

FINETTE rit.

Ah! ah! ah!

Mad. MADRÉ.

Il est bien question de rire.

J'instruisons votre fille Nicette;
Je li montre à faire l'amour,
Chacun à son tour,
Liron, lirette,
Chacun à son tour.

M. SUBTIL.

Que dites-vous à cela, madame Madré?

Mad. MADRÉ.

Vous-même, M. Subtil?

M. SUBTIL.

Je dis que je cherchais une agnès, et que je n'en trouve plus. Ils sont plus fins que nous, puisqu'ils nous ont attrapés; ainsi mon avis est qu'on les marie ensemble, pour arrêter les progrès de l'esprit.

Mad. MADRÉ.

AIR: *Ne vous laissez jamais charmer.*

Vous penseriez à les unir;
Connaissent-ils le mariage?

ALAIN.

L'esprit commence à nous venir,
J'en trouverons bientôt l'usage.

Mad. MADRÉ.

Je ne m'attendais pas à ce qui nous arrive.

M. SUBTIL.

Ni moi. Puisqu'il m'est impossible de trouver ce que je désirais, je vous épouserai, si bon vous semble, madame Madré.

OPÉRA COMIQUE.

ALAIN.

Sans l'esprit la beauté nous tente,
L'esprit sans la beauté séduit ;
L'ame la plus indifférente,
Cède à l'objet qui les unit :
Mais j'aime mieux mon ignorante,
Qu'une femme d'un grand esprit.

FINETTE

Chaque esprit a bien son usage :
L'esprit fin est un séducteur
L'esprit savant a pour partage
Souvent moins de bien que d'honneur,
L'esprit brillant fait grand tapage ;
Mais l'esprit doux va droit au cœur.

L'ÉVEILLÉ.

D'esprit je n'ai pas fait emplette ;
Le mien n'est point entortillé ;
Je profite du tête-à-tête,
Quand je devrais être étrillé ;
Car, pour croquer une fillette,
Il faut un amant éveillé.

M. SUBTIL.

En amour que sert la science,
L'esprit, l'adresse, le babil ?
On est dupe de l'ignorance,
Malgré l'esprit le plus subtil ;
Hélas, j'en fais l'expérience
Avec un tendron bien gentil.

Mad. MADRÉ.

L'esprit se perd bien avant l'âge ;
Le mien est usé, pour le coup.
Je croyais faire un mariage
Dont je me promettais beaucoup ;
Mais je n'ai qu'un vieux en partage,
N'est-ce pas là manquer son coup ?

Qu'aucune qui soit ici ;
Mais où trouver d'ignorante ?
Il n'en est plus aujourd'hui.
Et voilà, etc.

M. NARQUOIS.

Angélique avec sa tante,
Sûrement profitera :
Fréquemment elle lira,
Sa plume sera savante :
En danse elle brillera ;
Dès à présent elle chante
Sur le ton de l'opéra.
Et voilà, etc.

ALAIN.

Nicette retient en cage
La fauvette et le moineau,
Et ne voit rien de si beau
Que la paix de ce ménage ;
Comme elle a part au gâteau,
Espère-t-elle en mariage,
D'avoir un pareil oiseau ?
Et voilà, etc.

Mad. MADRÉ.

Au Parterre.

Trop équitable Parterre,
De nos nouvelles chansons,
Si vous agréez les sons,
En vain l'on nous fait la guerre ;
Que vos applaudissemens
Partent comme le tonnerre ;
Et si vous sortez contens,
Publiez dans vos familles,
    Comme l'esprit,
    Comme l'esprit
    Vient aux filles.

OPÉRA COMIQUE.

Mad. MADRÉ.

Pouvions-nous former l'espérance
D'inspirer encor de l'amour ?
Hélas ! fatale confiance,
Non, ce n'était plus notre tour;
Et nous rentrons dans l'ignorance
Dont ils vont sortir en ce jour.

NICETTE.

Je sentais qu'à mon âge,
C'était un vrai dommage
De n'avoir point d'esprit:
J'en cherchais, et j'en ai trouvé,
Mon cher Alain m'en a donné.
Vraiment, on en doit faire usage.
Alain, Alain a de l'esprit;
Un je ne sais quoi me le dit.

Au Parterre.

Notre erreur, indulgent Parterre,
Semblait amuser vos loisirs ;
Mais si par un effet contraire,
Notre esprit nuit à nos désirs ;
Nous sacrifions, pour vous plaire
Et notre esprit et nos plaisirs.

FIN.

LES AMOURS DE BASTIEN ET BASTIENNE,

PARODIE

DU DEVIN DE VILLAGE.

Représentée pour la première fois par les Comédiens Italiens ordinaires du Roi le mercredi 26 septembre 1753.

LES AMOURS
DE BASTIEN
ET BASTIENNE,
PARODIE.

SCÈNE PREMIÈRE.

BASTIENNE, *seule.*

AIR : *J'ai perdu mon âne.*

J'ons pardu mon ami ;
D'puis c'tems-là j'n'avons point dormi :
Je n'vivons pus qu'à demi.
J'ons pardu mon ami ;
J'en ons l'cœur tout transi :
Je m'meurs de souci.

Le travail et la peine,
Tout ça n'me faisait rien :
Hélas ! c'est que Bastienne
Était avec Bastien.

Drès que le jour se lève,
Je voudrais qu'il fût soir ;
Et drès que l'jour s'achève,
Au matin j'voudrais m'voir.
D'où vient que tout m'chagreine,
Et que j'nons cœur à rien ?
Hélas ! c'est que Bastienne
N'voit plus son cher Bastien.

Le chang'ment de c'volage
Devrait bien m'dégager ;
Mais j'n'en ons pas l'courage,
Et je n'sais qu' m'affliger :
D'un ingrat quand on s'venge,
C'est se dédommager :
Mais hélas ! Bastien change,
Et je n'saurais changer.

J'l'instruisis dans un instant.
D'un air content,
All' me r'mercia, la, la,
Oh! oh! oh! oh! ah! ah! ah! ah!
N'faut pas êtr' grand sorcier pour ça, la, la.

BASTIENNE.

AIR : *Ah! mon mal ne vient que d'aimer.*

Colas, voulais-vous me sarvir ?

COLAS.

Oui-dà, ma Reine, avec plaisir.
Voyons ; qu'exigeais-vous de moi ?

BASTIENNE.

Au chagrin qui m'possède,
(*En lui faisant une grande révérence.*)
Comm'sorcier, vous pouvais, je croi,
Apporter queuqu'remède.

COLAS.

AIR : *La bonne aventure,* etc.

Vous vous adressais au mieux,
Je vous en assure :
J'ons des secrets marveilleux
Pour apprendre à deux beaux yeux
La bonne aventure,
O gué,
La bonne aventure.

DE BASTIEN ET BASTIENNE.

BASTIENNE.

AIR : *De tous les Capucins du monde.*

On dit partout qu'il m'a quittée.

COLAS.

Rassurais vot' ame agitée.

BASTIENNE.

Se pourrait-il ? ah ! queu bonheur !..
Est-c' qu'i m'trouverait encor belle ?

COLAS.

Il vous aime de tout son cœur.

BASTIENNE.

Et pourtant il est infidèle.

COLAS.

AIR : *Pourvu que Colin, voyez-vous ?*

Vot' Bastien n'est qu'un peu coquet ;
  N'en ayais point d'ombrage.
Ma chère enfant, qu'est qu'ça vous fait ?
  Votre biauté l'engage.

BASTIENNE.

Mais s'il doit être mon époux,
  Dam' je n'veux point d' partage,
    Voyais-vous ?

COLAS.

Ce cher amant n'est point un parjure :
  Mais il aim' la parure.

COLAS.

Air : *Piarrot se plaint que sa femme.*

La dame de ce village
L'oblige bian autrement,
Pour attirer son hommage,
All' paie assez richement
 Sa complaisance.
Manque-t-on jamais d'amant,
 Quand on finance ?

BASTIENNE.

Air : *A notre bonheur l'Amour préside.*

Si j' voulions être un tantet coquette,
Et prêter l'oreille aux favoris,
Que je ferions aisément emplette
Des plus galans monsieux de Paris !
Mais Bastien est l'seul qui peut nous plaire,
 Et j'ons sans mystère
 Toujours répondu :
Laissez-nous, messieurs, je somm' trop sage
 Sachez qu'au village
 J'ons de la vartu.

Même air.

Au déclin du jour, près d'un bocage,
Un jeune monsieu des plus gentis
Vouloit dans un brillant équipage
Nous mener, ç' dit-il, jusqu'à Paris :

Car c'est en badinant,
En folâtrant,
Qu'on rend l'amant constant,
Qu'on rend l'amant constant.

BASTIENNE.

Quand je le vois,
Je pards la voix......
Mais je r'gard' si mes manches
Sont blanches;
Si ma colerette
Est bien faite;
Si j'ai lacé drêt
Mon corset;
Si mon jupon
Fait bien le rond,
Et si mes sabiots
Sont biaux.

COLAS.

AIR : *Javotte, enfin vous grandissez.*

Pour ramener un inconstant,
Il faut paraître un peu coquette,
Et fair' semblant de fuir l'amant
Que d'bonne amiquié l'on souhaite;
Car c'est ainsi, car c'est comm' ça,
(La leçon est utile,)
Que font, lon la, farla rira,
Les dames de la ville.

SCÈNE III.

COLAS, seul.

AIR : *De France et de Navarre.*

Par ma foi, ce couple d'amans
  Paraît une marveille ;
On ne saurait trouver qu'aux champs
  Innocence pareille.
L'esprit en tout autre pays
  Brille dès la lisière ;
Fillette à cet âge, à Paris,
  En revend à sa mère.

AIR : *Je vous aperçus l'autre jour.*

Mais j'aperçois venir ici
  Notre amant débonnaire ;
Et v'là pourtant l' mignon joli
  Qu'aux messieurs on préfère !
Ferluquets si fiars, si pimpans,
  Cette leçon est bonne ;
Cheux vos bell's on voit des manans,
  Quand pour vous gnia personne.

BASTIEN.

Air : *Je n'lui, je n'lui donne pas.*

Comment donc, on a vendangé ?
    Que voulais-vous me dire ?

COLAS.

Que l'on te donne ton congé.

BASTIEN.

    Allais, vous voulez rire.
Pour m'ôter son p'tit cœur, hélas !
    Ma Bastienne est trop tendre ;
A d'autr' all' ne le donn'ra pas.

COLAS.

Mais all' le laiss'ra prendre.

BASTIEN.

Air : *A table, je suis Grégoire, et Tircis sur le gazon.*

Bon, bon ! vous m'contais eun' fable.
Si Bastienne aime, c'est moi ;
Pour me faire un tour semblable,
All' est de trop bonne foi.
Quand je la trouvons gentille,
All' m'trouve aussi biau garçon ;
Et Bastienne n'est pas fille
A dire un oui pour un non.

BASTIEN.

Oh ! oh ! oh ! oh ! ah ! ah ! ah ! ah !
Et d'où vient donc ? Comment cela ?

AIR : *Êtes-vous de Gentilly ?*

Mais d'où savez-vous ceci ?

COLAS.

De mon art.

BASTIEN.

De votre art !

COLAS.

Oui.

BASTIEN.

En ç'cas-là je d'vons vous croire,

COLAS.

Vrament, mon compère, voire,
Vrament, mon compère, oui.

BASTIEN.

AIR : *V'là ç'que c'est qu'd'aller au bois.*

Ah ! jarnigué ! qu'j'avons d' guignon !

COLAS.

V'là ç' que c'est qu' d'êt' biau garçon.
On veut avoir tout à foison,
   Nombre de maîtresses ;
   Biaucoup de richesses ;
Mais un biau jour tout fait faux-bon,
V'là ç' que c'est qu' d'êt' biau garçon.

Mecre,
Necre,
Mir lar lun brunto,
Tar la vistan voire,
Tar lata qui plo.

BASTIEN.

AIR : *Ton humeur est, Catherine.*

C'est-i-fait, minon minette ?

COLAS.

Oui, oui, tu peux t'approcher.
Tu vas voir ta bargerette.

BASTIEN.

Mais pourrons-je la toucher ?

COLAS.

Oui, si tu n'fais pas la bête,
Si tu prends un air galant,
Et si dans le tête-à-tête,
Tu n'es pas un ignorant.

AIR : *Ah! Maman, que je l'échappe belle!*

L'Amour veut que l'on soit téméraire,
Il faut lutiner,
Papillonner
Près d' sa bargère.
Quoiqu' souvent on fass' tant la sévère,
Morguène, un tendron
Veut qu'un garçon soit sans façon.

Adieu, grandeur et richesse;
D' vot' éclat j' pardons l' souvenir,
Sans vous, près d' ma cher' maîtresse,
J'ons cent fois bian pu d' plaisir.

Même air.

Ces messieurs de la finance
Qui sont envieux de tout,
Aimont tant son innocence,
Qu'ils voulions l'avoir itou ;
Sarviteur à leu puissance :
Ailleurs ils pourront choisir ;
Ils n'auront qu'eun' révérence,
Et nous j'aurons tout l' plaisir.

SCENE VI.

BASTIEN, BASTIENNE.

BASTIEN.

Air : *Du Devin du village.*

La voici..... tôt décampons.....
Si j'fuyons, je la pardons.

BASTIENNE.

Il me voit, l'ingrat !
Ah ! l'cœur me bat.

DE BASTIEN ET BASTIENNE.

BASTIENNE.

Air : *Les Vendangeuses*.

Fidèle,
Sans moi, mon cher Bastien
N'aimait rien ;
Mon cœur était tout son bien.
I' m'trouvait si belle !
I' m'trouvait si belle !
Et les plus brillans appas
Ne le touchaient pas.
Me plaire,
C'était sa seule affaire ;
Dans tous ses discours
I' n'parlait que d' ses chers amours,
Toujours.
Tredame !
Pour attendrir son ame,
Si queuque grand' dame,
Pour lui plein' de flamme,
Lui f'sait un présent,
I' m' l'offrait à l'instant.
Fidèle,
Sans moi, mon cher Bastien
N'aimait rien ;
Mon cœur était tout son bien.
En vain je l'appelle,
En vain je l'appelle,

BASTIENNE.

On n'a dans l'mariage
    Que du souci,
    Que du souci,
Quand on prend un volage
    Pour son mari.
C'est un trouble ménage,
    Oh ! oh !
Est-ce l'moyen d'êt' sage ?
    Oh ! que nenni.

BASTIEN.

AIR : *Raisonnez, ma musette.*

Puisqu'vous êt' si sauvage,
A la dam' du village
J'nous allons drès ce jour
Rendre amour pour amour.

BASTIENNE.

Même air.

Moi, j'courons à la ville ;
C'est là qu'i m' sera facile
D'avoir cent favoris,
Comm' les dam' de Paris.

SCÈNE VIII.

NICETTE, ALAIN.

ALAIN.

Suite de l'Air précédent.

Vous voilà donc ! Bonjour, Nicette.

NICETTE.

Bonjour, Alain.

ALAIN (*rit niaisement.*)

Hé, hé, hé, hé.

NICETTE.

Qu'avez-vous à rire ?

ALAIN.

Hé, hé, j'en ai envie toutes les fois que je vous rencontre.

NICETTE.

Est-ce que j'ai la mine risible ?

AIR : *Philis cherchant son amant.*

Tout chacun se moque de moi.

ALAIN.

Ce n'est pas pour ça, jarniguoi.
Dam', tenez, je ne sais pourquoi;
Je ris d'aise, à ce que je croi,
 Quand je vous voi.

Est-ce que vous n'êtes pas itou bien aise de me voir, vous ?

DE BASTIEN ET BASTIENNE.

BASTIEN.

Je vous f'rons du plaisir,
Dres que j'nous dispos'rons à partir.

BASTIENNE.

Vous agirais,
Monsieur, ainsi comm' vous voudrais.

BASTIEN.

Parlais-vous tout d'bon ?
Dois-je rester ici ?

BASTIENNE.

Oui....

Non.

BASTIEN.

Air : *Un brave gentizome.*

Ma peine vous rend fière ;
Mais tout de ç'pas,
J'men vas,
Morgué, j'men vas
Me j'ter dans la rivière.
Vous n'me retenais donc pas ?

BASTIENNE.

Ah ! je n'm'en soucie guère.

BASTIEN à part.

Air : *L'Amour me fait, lon, lan, la.*

J'serions pourtant trop bête
D'aller là nous plonger.

LA CHERCHEUSE D'ESPRIT,

NICETTE.

Un pareil désir me tient.
Tout ce que je puis vous dire,
C'est que ça vient..... quand ça vient.

Sans ma cousine, l'Éveillé m'aurait peut-être donné de l'esprit.

ALAIN.

Je sis fâché de n'en point avoir, je vous en ferais présent.

NICETTE.

Je ne sais, j'aimerais mieux vous avoir stobligation-là qu'à d'autres.

ALAIN.

Je ne demanderais qu'à vous faire plaisir.

NICETTE.

Je voudrais bien vous faire plaisir aussi.

ALAIN.

Je ne sais pas comme ça se fait; vous me revenez mieux que toutes les filles du village.

NICETTE.

Et vous, vous me plaisez mieux que Robin, mon mouton.

ALAIN.

Tatiguoi! sans savoir c'en que c'est que l'esprit, vous me donnez envie d'en avoir.

NICETTE.

AIR : *Chacun dans notre village vit content.*

Cherchons-en ensemble ;
Quand nous en aurons,
Nous partagerons.

ALAIN.

Vous avez raison, ce me semble.

BASTIENNE.

Bastien ? Bastien ?

BASTIEN.

Vous m'appelais ?

BASTIENNE.

Vous vous trompais.

BASTIEN.

Quand j'te plaisais.
Dam', tu m'plaisais.

BASTIENNE.

La bell' marveille!.....
Quand tu m'aimais,
Moi, j't'aimais.

BASTIEN.

Tu me fuis.....

ENSEMBLE.

BASTIENNE.	BASTIEN.
Va, je te rends la pareille.	Va, je te rends la pareille.
Deviens volage,	Deviens volage,
Je me dégage;	Je me dégage;
D'un autre amour	D'un autre amour
J'prétendons tâter à mon tour.	J'prétendons tâter à mon tour.
Nouviau ménage	Nouviau ménage
N'est qu'avantage;	N'est qu'avantge;
Et chacun m'dit	Et chacun m'dit
Que ça réveille l'appétit.	Que ça réveille l'appétit.

SCÈNE IX.

Mad. MADRÉ, NICETTE, ALAIN.

Mad. MADRÉ.

AIR : *Je ne lui donne pas ; mais je lui laisse prendre.*

Alain, où voulez-vous aller
Avec cette innocente ?
Demeurez, je dois vous parler,

(*à Nicette.*)

Et vous, impertinente,
Pourquoi lui donnez-vous le bras,
D'un petit air si tendre ?

NICETTE.

Je n'lui je n'lui donne pas ;
Mais je lui laisse prendre.

Mad. MADRÉ.

AIR : *N'oubliez pas votre houlette, Lisette.*

Ne les laissons point seuls ensemble,
Je tremble
Qu'ils n'y prennent plaisir.
Pouvez-vous de la sorte agir
Sans rougir, petite pécore ?

NICETTE.

Excusez-moi, maman, j'ignore
Encore
Lorsque l'on doit rougir.

Mad. MADRÉ.

Allez, petite fille, allez mettre un fichu.

SCÈNE VII, et dernière.

BASTIEN, BASTIENNE, COLAS.

COLAS.

Mes enfans, après la pluie
On voit toujours v'nir l'biau temps.
Rendais grace à ma magie;
A la fin vous v'là contens.
  Allons, mariez-vous,
Votre noce est déjà prête;
  Allons, mariez-vous,
De la fête je s'rons tous.

(On danse.)

COLAS, BASTIEN, BASTIENNE.

Même air.

Allons gai, gens de village,
Chantais les époux nouviaux,
Pour fêter { not' / leur } mariage,
{ Faisons / Faites } claquer { nos / vos } sabiots.

LA CHERCHEUSE D'ESPRIT,

ALAIN.

Oh! oh! tamieux. Que je vous serai bien obligé!

Air: *Je ne sais pas écrire.*

Jamais mon père ne m'apprit
Comme il faut avoir de l'esprit.

Mad. MADRÉ.

J'en ferai mon affaire,
Je vous instruirai dès ce jour.
L'esprit vient en faisant l'amour.

ALAIN.

Je ne sais pas le faire.

Mad. MADRÉ.

C'est encore ce que je veux vous montrer. L'esprit ne se façonne que par le commerce du biau sesque.

ALAIN.

Montrez, montrez-moi ça.

Mad. MADRÉ.

Faut premièrement que vous choisissiez une amoureuse.

ALAIN.

Qu'est-ce que c'est ça, une amoureuse?

Mad. MADRÉ.

Air: *On n'aime point dans nos Forêts.*

Une belle qu'on aime bien :
Supposons que ce soit moi-même.

ALAIN *d'un air riant.*

Oh! tenez, ne supposons rien :
C'est déjà fait.

LE CHŒUR.

Il viant d'rapatrier
Bastien avec sa Bastienne;
Il viant d'les marier,
Jarniguène,
Queu sorcier !

DUO.

BASTIENNE.

A présent
J'nons pus rian qui n't'appartienne;
J'nons pus rian qui n't'appartienne;
Bastienne s'ra Bastien,
Bastienne s'ra Bastien,
Bastienne s'ra Bastien,
Bastienne s'ra Bastien,
Bastienne s'ra Bastien.
deux moutons en paix dans leur pâturage,
Ah ! j'vivrons dans l'mariage,
Et j'f'rons à jamais bon ménage,
Et j'f'rons à jamais bon ménage.
Com' deux moutons, etc.

BASTIEN.

A présent
J'nons pus rian qui n't'appartienne,
J'nons pus rian qui n't'appartienne;
Et Bastien s'ra Bastienne,
Et Bastien s'ra Bastienne,
Et Bastien s'ra Bastienne,
Et Bastien s'ra Bastienne,
Et Bastien s'ra Bastienne.
Com' deux moutons en paix dans leur pâturage,
Ah ! j'vivrons dans l'mariage,
Et j'f'rons à jamais bon ménage,
Et j'f'rons à jamais bon ménage.
Com' deux moutons, etc.

Mad. MADRÉ.

Air: *Quand la Bergère vient des champs tout dandinant.*

Ensuite on lui baise la main,
D'un air badin,
Mon cher Alain ;
Quelquefois même plus malin,
Zeste, on l'embrasse,
Avec audace.

ALAIN.

Le tour est fin.

Et l'esprit ?

Mad. MADRÉ.

L'esprit alors commence à venir. *(En lui donnant son bouquet.)* Éprouvons si vous aurez bien retenu tout ce que je vous ai dit. V'l mon bouquet.

ALAIN *prend le bouquet, et le met à son côté.*

Donnez.

Mad. MADRÉ.

Air: *Est-ce que ça se demande ?*

Il n'entend pas.

ALAIN.

J'entends fort bien
Toute la manigance.

Mad. MADRÉ.

Oui, mais voyez s'il en fait rien.

ALAIN.

Baillez-vous patience.

Mad. MADRÉ.

Répétez donc
Votre leçon.

Le barger s'avance vars elle :
 D'abord la belle
Le r'garde, et l'écoute en tremblant ;
Mais aussitôt alle s'échappe,
 Il la rattrappe,
Fait un faux pas ; ah ! le méchant !
Eh ! gai, gai, gai, etc.

Coridon deviant téméraire,
 Et la bargère,
Avec son sabiot se défend ;
Mais, hélas ! son sabiot se casse,
 Queulle disgrace !
Cheux elle all' s'en r'tourne en boitant.
Eh ! gai, gai, gai, etc.

Au logis alle charche eune excuse :
 All' a d'la ruse,
All' répond à tout ç'qu'on lui dit ;
Et v'là comm' souvent à notre âge,
 Dans un bocage,
Sans l'savoir, on trouv' de l'esprit.
Eh ! gai, gai, gai, etc.

F I N.

SCÈNE XI.

NICETTE, *avec des fleurs dans ses cheveux, et un fichu mis à l'envers.*

Ma mère emmène Alain. Pourquoi ne veut-elle pas que je lui parle? Depuis cette défense-là j'ai toutes les envies du monde de me trouver avec lui. Il me vient mille choses dans la tête. D'où vient donc que je soupire? Revenons un peu sur tout ça.

SCÈNE XII.

NICETTE, L'ÉVEILLÉ, FINETTE.

L'ÉVEILLÉ.

Queu délice, Finette! dans une heure, je serons mari et femme.

Air: *Diversité flatte le goût.*

Tu ne feras plus le dragon,
Belle brunette, si ma bouche
Vole un baiser sur ton menton,
Ou sur ton petit bec mignon.

(*Il veut embrasser Finette: elle le repousse.*)

LE CAPRICE AMOUREUX,

OU

NINETTE A LA COUR,

COMÉDIE EN TROIS ACTES,

MÊLÉE D'ARIETTES, PARODIÉES DE BERTOLDE A LA COUR.

Représentée pour la première fois par les Comédiens Italiens ordinaires du Roi, le mercredi 12 février 1755.

LA CHERCHEUSE D'ESPRIT,

L'ÉVEILLÉ.

AIR : *Et la belle trouva bon.*

Me promenant à l'écart
Un jour au fond d'un bocage,
Je t'avisis, par hasard,
A l'abri d'un épais feuillage ;
Tu dormais tranquillement.

FINETTE.

Oh ! vraiment, j'en faisais semblant.

NICETTE.

Fort bien.

L'ÉVEILLÉ.

Même AIR.

Que ton air était charmant !
J'admire d'une cachette ;
J'approche enfin doucement,
Et je baise ta main blanchette ;
Tu t'éveilles en te fâchant.

FINETTE.

Oh ! vraiment, j'en faisais semblant.

Mais pendant que tu rappelles le passé, tu ne songes pas au présent.

L'ÉVEILLÉ.

Tu as morgué raison. Aprête-toi, j'allons venir te chercher pour nous marier.

NICETTE.

V'là-t-i pas qu'elle l'empêche encore d'en dire davantage ?......

LE CAPRICE AMOUREUX,

OU NINETTE A LA COUR.

ACTE PREMIER.

(Le Théâtre représente une campagne agréable, coupée d'arbres fruitiers, et des cabanes de paysans sur les côtés.)

SCÈNE PREMIÈRE.

COLAS, NINETTE.

Paysans et paysannes occupés à différens ouvrages, devant leurs portes, et dans la campagne.

NINETTE *chante en filant au rouet.*

ARIETTE.

Travaillons de bon courage;
La fraîcheur
De cet ombrage,
La douceur

SCÈNE XIV.

NICETTE seule.

J'aperçois Alain; je vais lui dire tout ce que j'ai entendu. Mais commençons par essayer les semblans de ma cousine.

(Elle se met sur le gazon, et fait semblant de dormir.)

SCÈNE XV.

ALAIN, NICETTE.

ALAIN.

Air : Je sommeille.

Hola! belle Nicette, holà!
Où donc êtes-vous ? La voilà
　　Qui sommeille.
Avec ces rubans ornons-la;
Mais prenons garde que cela
　　Ne la réveille.

Même Air.

Mardi, le tour serait malin;
Mais je crains trop.....

NICETTE.

　　　Alain, Alain,
Je sommeille.

Oh tatigué ! ça vaut de l'or ;
Ça me ragaillardit. J'allons cueillir nos pêches ;
Chante pendant c'temps-là, pour m'animer encor.
Tantôt nous danserons.

NINETTE.

Oui, si tu te dépêches.

Colas monte sur un arbre, cueille du fruit qu'il met dans des paniers que des paysans lui tendent, et Ninette continue de filer en chantant.

Contente,
Je chante
La flamme qui m'enchante ;
Aucun bien ne me tente
Sans le cœur de Colas.
Colas
Sur mes pas
Sans cesse
S'empresse :
Les trésors n'ont pas
Plus d'appas.
Dans ce doux asile,
D'un destin tranquille
Gaîment nous suivons le cours :
Tandis que je file,
L'amour file nos beaux jours.

Fillettes
Follettes,
N'allez jamais seulettes ;
Là-bas sous ces coudrettes,
On dit qu'il vient des loups ;
Prenez garde à vous,
Brunettes
Jeunettes,
Venez travailler avec nous.
Dans ce doux asile, etc.

LA CHERCHEUSE D'ESPRIT,

ALAIN.

Air : *La fille du village*, ou *Attendez-moi sous l'orme.*

On prend sa main encore.

NICETTE.

Ensuite que fait-on ?

ALAIN.

Puis on la baise encore.

NICETTE.

L'esprit ainsi vient donc ?

ALAIN.

Puis on embrasse.

NICETTE.

Encore ?

ALAIN.

Oh ! l'on n'y manque point ;
Et d'encore en encore,
L'esprit vient à son point.

J'allons en faire l'expérience. Allons : prenez que vous v'là. Vous allez voir, vous allez voir.

(Il va au fond du théâtre, et revient le bouquet à la main et le chapeau sous le bras, en disant :)

D'une manière galante. *(il fait la révérence, et dit:)* Le compliment à steure. Mademoiselle Nicette, vous êtes belle... belle... comme... comme vous-même. Je ne sais, mordi, rien de plus biau à quoi vous ré-comparer. *(d'un ton plus familier.)* L'esprit viant-il ?

NINETTE.

Ce sont les gens du prince, il faut bien qu'on endure.

COLAS, *descendu de l'arbre.*

Morguène! ici depuis un mois
On chasse tous les jours; et pour peu que ça dure,
Nous v'là ruinés. On vient à nous, je crois.
Rentrez, rentrez : morgué, ces malins drilles,
Comme au gibier, faisont la chasse aux filles.

Ils rentrent tous.

SCÈNE II.

ASTOLPHE, FABRICE.

ASTOLPHE.

Elle me fuit!....

FABRICE.

Seigneur, vous êtes agité?....

ASTOLPHE.

Je voudrais te cacher le tourment de ma vie.

FABRICE.

Hé! qui peut altérer votre félicité ?
Vous voyez sous vos lois fleurir la Lombardie;
Le nom d'Astolphe est gravé dans les cœurs;
Par un hymen heureux la princesse Émilie
Va bientôt combler vos ardeurs :
Ses vertus, ses appas......

Éprouvons encore ça. *(Il lui baise encore la main.)*
Je sens en ce moment....
Ah ! quel moment !

NICETTE.

Un trouble extrême.

ENSEMBLE.

C'est de l'esprit assurément.

ALAIN.

Je n'aurons que faire d'aller à Paris pour en chercher. Mais ce n'est pas le tout.

NICETTE.

Je m'en doute bien ; car il me semble que l'esprit ne commence qu'à me venir, et c'est si peu......

ALAIN.

Oh ! il y a encore l'embrassement.

NICETTE.

Ah Ciel ! J'entends tousser monsieur le tabellion. Le v'là. Cachez-vous derrière moi.

LE CAPRICE AMOUREUX.

FABRICE.

Quel est donc cet objet vainqueur ?

ASTOLPHE.

C'est une villageoise ; et son esprit m'enflamme
Autant que sa beauté.

FABRICE.

Le fait est curieux.

ASTOLPHE.

On m'a dit qu'une vieille dame,
Contrainte par le sort d'habiter en ces lieux,
Et qui vivait comme une pauvre femme,
Avait, par un soin complaisant,
Formé l'esprit de cette belle enfant,
En laissant toujours dans son ame
Une aimable simplicité,
Une franchise honnête, et beaucoup de gaîté.

FABRICE.

Ne craignez-vous point quelque blâme ?

ASTDLPHE.

Qu'importe le sang dont on sort ?
Une belle est toujours au-dessus de son sort :
L'avantage que l'amour donne
Tient lieu de grandeur et d'ayeux.
Belles, pour mériter un trône,
Vos titres sont dans vos beaux yeux.

M. SUBTIL.

Rassurez-vous, belle Nicette, je vais faire le guet. *(En s'en allant.)* Qu'il est doux de garder ce qu'on aime !

SCÈNE XVII.

NICETTE, ALAIN.

NICETTE *achève l'*Air *ci-dessus, vivement.*

Va-t-en voir s'ils viennent, Jean,
Va-t-en voir s'ils viennent.

ALAIN.

Qu'est-ce que c'est que son mariage avec vous ?

NICETTE.

Il dit qu'il sera mon mari : je ne sais pas ce que ça signifie ; mais il faut que le mraiage soit bian joli, puisque L'Éveillé et ma cousine sont si aises de se marier.

ALAIN.

Air : *Vite à Catin un verre.*

Oh ! ne vous en déplaise,
Je serois, tatiguoi,
Fâché que vous soyez bien aise
Avec un autre qu'avec moi.

NICETTE, *avec sentiment.*

Je sens bien aussi que je ne pourrais être bien aise

SCÈNE III.

ASTOLPHE.

ARIETTE.

Agité
Par la fierté,
Par la tendresse,
Je suis tourmenté
Sans cesse ;
De cent traits j'ai l'ame atteinte,
Et je sens mon cœur s'émouvoir
Par la crainte
Et par l'espoir.

Je l'aperçois.... quel trouble me saisit !
Sans découvrir mon rang, déclarons ma tendresse.

SCÈNE IV.

NINETTE, ASTOLPHE.

NINETTE, *à part.*

Ah ! voilà ce monsieur : pour nous il s'intéresse.
Il est ami du prince, à ce qu'il nous a dit.

ASTOLPHE, *à part.*

Elle se parle.

SCÈNE XVIII.

L'ÉVEILLÉ, NICETTE.

L'ÉVEILLÉ.

Reprise de l'Air ci-dessus.

Qu'il m'est doux de t'obtenir !
    Ma brunette,
    Joliette.
    Quel plaisir
    Viant me saisir !
    Celle que j'aime,
    Qui m'aime de même,
    Va remplir
    Tout mon désir.
Voici le moment qui va nous unir !

Nicette, vot' cousine est-elle prête ? Je v'nons la chercher.

NICETTE.

Oh vraiment, elle est fâchée que vous l'ayez fait trop attendre : elle est sortie.

L'ÉVEILLÉ.

Queu conte ! Eh, où est-elle allée ?

NICETTE.

Ah dam'..... écoutez. (*elle parle bas à l'Éveillé.*)

Mon cœur à les imiter
Aussi s'empresse,
Et je le sens sauter,
Sautiller sans cesse.
Il palpite, etc.

ASTOLPHE, *en s'approchant.*

Je suis surpris de voir tant de gaîté
Dans cet état obscur où votre sort vous place.

NINETTE.

C'est un bonheur que cette obscurité,
D'aucun soin étranger l'esprit ne s'embarrasse.

ASTOLPHE.

Mais quels sont vos plaisirs?

NINETTE.

Libres de nos travaux,
Nous chantons, nous dansons; je vais dans nos campagnes
Courir, cueillir des fleurs, rire avec mes compagnes :
Quand j'ai bien folâtré, je me livre au repos.

ASTOLPHE.

De vos plaisirs les peines sont voisines;
Mille travaux forcés, mille soins fatigans...

NINETTE.

Au milieu des buissons d'épines
Naissent les roses du printems.

ASTOLPHE.

N'avez-vous jamais vu des gens dans l'opulence?

SCÈNE XX.

Mad. MADRÉ, NICETTE.

Mad. MADRÉ.

Que faites-vous ici, petite fille ? Ah ! ah ! vlà un fichu plaisamment mis.

NICETTE.

Dame, je suis simple.

Mad. MADRÉ.

Pourquoi ces fleurs dans vos cheveux ? Vlà qu'est nouveau : je ne prétends pas qu'ous vous ajustiais comme ça ; quand vous serez mariée à la bonne heure ; on ne trouvera plus à redire à vos actions.

Air : *Baise-moi donc, me disait Blaise.*
A votre gré vous pourrez faire.

NICETTE.

Hé bien, hé bien ; mariez-moi, ma mère,
Que ce soit plutôt que plus tard ;
Car, tenez, j'ai tant de bêtise,
Que je pourrais bien, par mégard,
Faire encore quelque sotise.

Mad. MADRÉ.

Vot' mariage va se tarminer tout-à-l'heure. Vot' mari futur est cheux nous.

ASTOLPHE.

Je vous aime.

NINETTE.

Ah !

Hé bien, voilà parler cela.
Vous m'aimez ?

ASTOLPHE.

D'un amour extrême.

Cet aveu.....

NINETTE.

Me fait grand plaisir.

ASTOLPHE.

Quel bonheur !

NINETTE.

De quelqu'un qu'on aime,
On doit contenter le désir.
Gardez tous vos trésors, je ne veux qu'une grace.

ASTOLPHE.

Exigez tout.

NINETTE.

Vous savez que l'on chasse
Tous les jours en ces lieux du matin jusqu'au soir.
Si vous avez quelque pouvoir,
Parlez au prince, afin que l'on nous débarrasse
De tout le train que font ses gens.

SCÈNE XXI et dernière.

M. SUBTIL, ALAIN, Mad. MADRÉ, NICETTE, L'ÉVEILLÉ, FINETTE.

M. SUBTIL.

Ne puis-je savoir, Alain, pourquoi je vous trouve chez madame Madré?

FINETTE à *M. Subtil.*

Ah! vous v'là monsieur le tabellion : j'ai couru tout le village pour vous trouver. On dit que vous avez à me parler.

M. SUBTIL.

Qui vous a dit cela?

FINETTE.

C'est Nicette.

L'ÉVEILLÉ à *Finette.*

Pardi, mademoiselle Finette, est-ce que nous jouons aux barres? Queu caprice vous prend d'être fâchée contre moi?

FINETTE.

Qui vous a dit cela?

L'ÉVEILLÉ.

C'est Nicette.

NINETTE.

Vous vous moquez de nous; oh! je ne suis point faite
    Pour oser paraître en ces lieux.

ASTOLPHE.

    Vous enchanterez tous les yeux;
    Et les charmes d'une toilette
Rendront votre beauté, s'il se peut, plus parfaite.

NINETTE.

Qu'est-ce qu'une toilette?

ASTOLPHE.

            Un trésor précieux,
    Dont le sexe, dans tous les âges,
    Tire de brillans avantages :
   C'est un trône où triomphe l'art,
C'est un autel que l'on érige aux graces :
C'est là qu'on peut des temps rapprocher les espaces,
    Par l'heureux prestige d'un fard
    Qui des ans applanit les traces.
Des couleurs du plaisir on ranime son tein;
    Et le pinceau, rival de la nature,
    Par une agréable imposture,
Fait éclore la fleur d'un visage enfantin.
    Chaque jour on est aussi belle,
D'un air plus triomphant la jeunesse y sourit;
    La beauté même s'embellit,
    Se fixe, et devient immortelle.

NICETTE, *vivement.*

Air: *Loin que le travail m'épouvante.*

A présent je ne dois plus feindre,
De vous je n'ai plus rien à craindre,
Alain m'épousera demain.
Au plaisir mon ame se livre;
Si je n'avais mon cher Alain,
Je crois que je ne pourrais vivre

L'ÉVEILLÉ.

Comme elle en dégoise !

FINETTE.

Qu'est-ce qui dirait ça !....

Mad. MADRÉ à *Nicette.*

Queu galimathias me faites-vous ? Vous me paraissez bien alerte.

NICETTE.

C'est qu'Alain m'a donné de l'esprit; vous ne me gronderez plus de n'en point avoir.

ALAIN.

Oh vraiment, je lui ai donné bien autre chose. Voyez, voyez, je lui ai donné encore votre bouquet et vos rubans : c'est mon amoureuse ; j'ai bien retenu tout ce que vous avez dit.

Air: *Chacun à son tour, liron, lirette.*

Bon effet ça vient de produire,
Gramerci, madame Madré,
Vous avez bien voulu m'instruire,
Morgué, je vous en sais bon gré.

NINETTE.

Ah ! que dire ?
Je fâcherais Colas.

ENSEMBLE.

ASTOLPHE.

Suivez mes pas,
Vous reverrez Colas.

NINETTE.

Je ne veux pas,
Je fâcherais Colas.

ASTOLPHE.

Disposez de mon ame,
Ne craignez point ma flamme;
Venez, donnez la main.

NINETTE.

Tenez, je crain
Le blâme.

ASTOLPHE.

Que sa pudeur a d'attraits !

NINETTE.

Eh mais... mais... mais... mais... dame !

ASTOLPHE.

Ne craignez point ma flamme.

NINETTE.

Ensemble.

Oh ! dame....
Oh ! laissez-moi, Monsieur, oh ! laissez-moi.

ASTOLPHE.

Pourquoi
Avoir tant d'effroi
De moi ?

Mad. MADRÉ.

Je voulais épouser un nigaud; mais...... c'est la même chose, je vous prends, laissons-les ensemble.

FINETTE à Nicette.

Je vous félicite, cousine.

AIR: *Non, je ne ferai pas ce qu'on veut que je fasse.*

De vous voir de l'esprit, je suis fort satisfaite.
Alain, le sot Alain, a dégourdi Nicette.

L'ÉVEILLÉ.

Morgué, c'est à bon droit que le proverbe dit :
Vivent, vivent les sots pour donner de l'esprit.

Vla les violons qui viennent nous rejoindre : parguenne, en l'honneur de ça, dansons un petit branle, en attendant que tout not' monde soit rassemblé.

VAUDEVILLE.

NICETTE.

Partout l'esprit est à la mode,
J'en cherchais, et j'en ai trouvé;
S'il est sans art et sans méthode,
C'est qu'il n'est pas fort éprouvé;
Mais s'il était aisé, commode,
Il serait bientôt approuvé.

COLAS.

On n'est guère ami du mari,
Quand on veut l'être de la femme.
Au diable soit l'amiquié du renard
Qui viant nous caresser pour croquer la poulette;
Oh! s'il vous faut une tendre fillette,
Allez la chercher autre part.

NINETTE, *bas à Colas.*

ARIETTE.

Tu nous perdras,
Colas;
Ne souffle pas,
C'est un seigneur.

COLAS, *au prince.*

Oh! Monseigneur,
Je suis vot' sarviteur;
Ninette a votre cœur:
C'est pour nous bian d' l'honneur,
C'est bian d' l'honneur.

(à part.)

Va t'en au diable !
Ce coup m'accable.
Va t'en au diable,
Chien d' suborneur!

ASTOLPHE.

Colas a de l'humeur.

COLAS.

Non, Monseigneur.

(à part.)

Oh! si j'navions point peur;
Mais j' craignons queuqu' malheur.

LA CHERCHEUSE D'ESPRIT,

Au Parterre.

Parterre toujours redoutable,
Souverain juge de l'esprit,
Que nous vous trouverions aimable,
Si vous nous mettiez en crédit !
Daignez nous être favorable :
Applaudissez..... cela suffit.

FINETTE.

Rarement l'esprit se donne,
Si la première leçon,
N'est d'amour de la façon.
Dès qu'une fille raisonne,
Elle sent rougir son cœur :
Elle en rougit et frissonne ;
Mais l'Amour en est vainqueur.
Et voilà, dans les familles,
 Comme l'esprit,
 Comme l'esprit
 Revient aux filles.

NICETTE.

Assise sur la verdure,
Je vis venir mon Alain
Tenant un bouquet en main
Dont j'admirais la parure :
Il le mit dans mon corset,
Et crainte d'égratignure,
Il détacha mon lacet.
Et voilà, etc.

L'ÉVEILLÉ.

N'est-il point quelqu'ignorante,
Qui veuille apprendre de moi :
Je lui jure sur ma foi,
De la rendre aussi savante

SCÈNE VI.

COLAS, NINETTE.

COLAS.

Nous voilà donc en paix.

NINETTE.

Tu l'as traité, mon cher, avec trop de rudesse.
C'est un seigneur rempli de politesse :
Il m'a dit qu'il voulait me mener à la Cour.

COLAS.

Et tu voudrais la voir ?

NINETTE.

Pourquoi non. Oui sans doute ;
C'est, dit-on, le plus beau séjour....
Mais nous irions ensemble.

COLAS.

Ecoute :
Il charche à te tromper ; t'on esprit sur ce point
Est encore dans l'ignorance :
Il te parlait d'amour, et ça ne convient point.

NINETTE.

S'il m'aime, c'est sans espérance :
Les messieurs de la Cour sont trop bien élevés
Pour entreprendre rien contre la bienséance.

NICETTE.

Ne conservons plus de tristesse,
L'esprit trouvé doit la bannir,
Il est temps que notre erreur cesse,
Au moment qu'on va nous unir.
Le cœur inspire la tendresse
L'esprit apprend à s'en servir

ALAIN.

Nicette, vous voilà contente,
Je ne le suis pas moins que vous,
Vous cessez donc d'être ignorante ;
Ah ! pour rendre mon sort plus doux,
Ne paraissez jamais savante
A tout autre qu'à votre époux.

FINETTE.

Maint esprit nous est inutile,
Nous n'en trouvons qu'un de charmant ;
Ce n'est point cet esprit habile,
Ni cet autre vif et brillant ;
Mais c'est un esprit plus docile
Qui satisfait le mieux l'amant.

L'ÉVEILLÉ.

J'ai reçu le meilleur partage :
Un esprit du goût d'à présent,
Éveillé, fait au badinage :
Il plaît, non pas également ;
La fille le trouve fort sage,
La mère trop entreprenant.

M. SUBTIL.

Esprit subtil, votre science
Ne garantit point votre cœur ;
Vous aimez avec violence,
Mais on se rit de votre ardeur ;
Une agnès sans expérience,
Trompe en amour un grand docteur.

LE CAPRICE AMOUREUX.

Il sait tromper
Qui croit l'attraper.
De fleur en fleur il semble attendre :
Subtilement on veut le prendre ;
Pas à pas on va sans bruit ;
Et dans l'instant il fuit.

Sans craindre aucune ruse,
De même je m'amuse,
Sans danger je m'amuse ;
Si quelqu'un cherche à me surprendre,
Je sais comme il faut s'en défendre.
De loin je vois venir ;
Et quand on croit me tenir,
Zeste j'échappe, et je m'amuse,
Sans craindre aucune ruse ;
Si l'on pense à me surprendre,
C'est un peu trop se méprendre ;
Je garde avec gaîté
Ma liberté.

Ninette en tourbillon,
Comme un papillon,
Badine et suit son humeur folette.
Si quelqu'un guette
Ninette,
Elle a bientôt fait retraite.
On a tort d'espérer ;
Oui, sans cesser de folâtrer,
De voltiger, de folâtrer,
Je sais tromper
Qui croit m'attraper.
Pour me séduire
Rien ne m'attire ;
L'on a beau dire,
Dans son martyre :
Pour vous j'expire,
Mes chers amours ;
Je fuis et je ris toujours.

LE CAPRICE AMOUREUX.

COLAS.

Morgué, quel embarras !
Ninon,
J' te d'mand' pardon.

NINETTE.

Non, non.
Point de pardon.
Ahi ! ahi ! Il m'a fait grand mal.

SCÈNE VII.

COLAS, NINETTE, ASTOLPHE, FABRICE.

ASTOLPHE.

(Suite de l'ariette.)

Qu'avez-vous ?

NINETTE.

Le brutal !
Ah ! qu'il m'a fait grand mal !
Ahi ! ahi !

COLAS.

Ah ! j'ai bien du guignon.

ASTOLPHE.

O Dieux ! qu'avez-vous donc ?

ACTEURS.

BASTIEN.
BASTIENNE.
COLAS.
PAYSANS, PAYSANNES.

(Le Théâtre représente un hameau avec un fond de paysage.)

ASTOLPHE.

Oui, qui brûle pour vous.
De mes feux méprisés votre Colas me venge :
Est-il fait pour jouir du bonheur le plus doux ?
En vous cachant mon rang, je cherchais l'avantage
D'être aimé pour moi seul. Un autre vous engage ;
Vous m'avez ôté tout espoir :
A tous les biens que vous pourriez avoir
Vous préférez un obscur esclavage :
Pour vous en préserver j'use de mon pouvoir.
Venez.

COLAS.

Mon prince.... Ah! monseigneur.... J'enrage!

ASTOLPHE.

Venez, Ninette, embellissez ma Cour ;
Vous régnerez dans ce séjour :
C'est le centre du goût, de la délicatesse,
Des égards, de la politesse.
On préviendra vos vœux par mille soins flatteurs :
C'est là que la beauté, dans tous ses avantages,
Avec le Souverain partage les hommages,
Et le tribut de tous les cœurs.

NINETTE.

Colas, cela t'apprend à vivre.

LES AMOURS

Air : *Lucas, tu t'en vas.*

Hélas ! tu t'en vas !
Tu quittes ta maîtresse !
J'en mourrai, Bastien.
Hélas ! tu t'en vas !
Bastien, ça n'se fait pas.
Ta foi
Est à moi.
J'avions ta promesse.
Pour rien
Mon Bastien
Maugré ça m'délaisse.

Hélas ! tu t'en vas !
Je l'appelle à toute heure ;
Quand j'y pensons, je pleure,
Et j'y pensons toujours.
Pour eune plus jolie
Le perfide m'oublie.
Adieu mes amours.
Hélas ! tu t'en vas !

Air : *Dans ma Cabane obscure.*

Plus matin que l'Aurore,
Dans nos vallons j'étais ;
Bien après l'soir encore,
Dans nos vallons j'restais.

Et puis de la frisure,
L'horloge à la ceinture.
Dans cette retraite
C'est trop m'avilir,
   Une toilette
   Va m'embellir.
   Ah! quel plaisir
Vient déjà me saisir!
   Toi, dans ces lieux
   Tu resteras;
   Loin de mes yeux
   Tu pesteras:
Adieu, je m'en vais, Colas.
   Adieu, Colas.

Oui, oui, je renonce au village,
La cour me convient davantage;
Un prince va me rendre hommage.
   Enrage! enrage!
Chacun dira: *tredame!*
Voyez la belle dame.
Ah! quelle gentillesse!
Ah! quel air de noblesse!
Comme elle a bonne grace!
Rangez-vous, qu'elle passe;
Faites de l'espace,
Que madame passe.
Et moi, d'un air honnête,
En balançant la tête,
   Je passerai,
   Je saluerai,
Et je me rengorgerai.
Quelque jour tu viendras;
   Tu verras,
   Tu verras
   Sans cesse
   La presse
Arrêtera tes pas,
Et de loin tu diras:

SCÈNE II.

BASTIENNE, COLAS.

COLAS *descend d'une colline en chantant et s'accompagnant de sa cornemuse.*

AIR : *N'faut pas êtr' grand sorcier pour ça.*

Quand un tendron viant dans ces lieux
  Consulter ma science,
Tout mon grimoire est dans ses yeux,
  J'y lisons ce qu'ell' pense.
  J'd'vinons tout nettement
Qu'pour un amant alle en tient la, la, la,
  Oh! oh! oh! oh! ah! ah! ah! ah!
N'faut pas êtr' grand sorcier pour ça, la, la,
  Oh! oh! oh! oh! ah! ah! ah! ah!
N'faut pas êtr' grand sorcier pour ça, la, la.

Même air.

Lise à Piarrot s'en va d'mandant
  Pourquoi qu'alle soupire ?
Le gros benêt, en la r'gardant,
  Rit, et n'sait que li dire.

LE CAPRICE AMOUREUX.

COLAS.

Allons, gare ! gare ! rangez-vous
Tous ;
Ventregué ! craignez mon courroux.
Morgué ! morgué ! j'enrage !....

FABRICE.

Tout doux :
Fais moins de tapage.

COLAS.

Je suis presque son époux.

FABRICE.

Il faut te faire à l'usage :
On rit d'un époux jaloux.

COLAS.

Finissons ce badinage.

FABRICE.

Qu'il est bien de son village !
A la ville,
Plus docile,
L'époux souffre, et ne dit rien ;
Et pour son bien,
Il fait bien.

COLAS.

Sans Ninette puis-je vivre ?
Morgué, laissez-moi la suivre ;
Rangez-vous donc.
Ah ! c'est trop de barbarie !
A genoux, je vous en prie.

FABRICE.

Non, non, non, non.

COLAS.

Que le diable vous emporte,
Pour en user de la sorte !

BASTIENNE.

Air : *M. le Prévôt des Marchands.*

Monsieur Colas, j'n'ons point d'argent,
Mais d'ces blouques j'vous frons présent :
All' sont d'or fin.

COLAS.

Non, non, ma fille.

BASTIENNE.

Quoi ! vous voulais me refuser ?

COLAS.

Mon enfant, quand on est gentille,
Je tiens quitte pour un baiser.

(Il veut l'embrasser.)

BASTIENNE.

Air : *Hélas ! maman, c'est bien dommage.*

Non, non, Colas, n'en faites rien ;
Tous mes baisers sont à Bastien,
Et je les gard' pour not' mariage :
Mais, souffrais que j'vous consultions ;
Dites, faut-il que je mourrions ?

COLAS.

Mourir si jeune, ah queu dommage !

ACTE II.

Le Théâtre représente un appartement du palais d'Astolphe.

SCÈNE PREMIÈRE.

NINETTE, *suivie de* DORINE, CLARICE, *et autres* FEMMES DE CHAMBRE *portant chacune quelques ustensiles de toilette.*

NINETTE, *en habit de Cour.*

ARIETTE.

Ah quelle gêne !
C'est trop de peine,
Cet équipage m'entraîne.

DORINE.

Mais c'est la mode :
Suivez, suivez-la.

NINETTE.

Cessez, cela me lasse ;
Laissez, laissez, de grace,
Laissez-moi donc là.

LES AMOURS

BASTIENNE.

Air: *Ce ruisseau qui dans la plaine.*

Autrefois à sa maîtresse
Quand il volait une fleur,
Il marquait tant d'allégresse,
Qu'alle passait dans mon cœur.
Pourquoi reçoit-il ce gage
D'eune autre amante aujourd'hui?
Avions-je dans le village
Queuq'chos' qui ne fût à lui ?
Mes troupiaux et mon laitage,
A mon Bastien tout était ;
Faut-il qu'eune autre l'engage
Après tout ce que j'ai fait ?

Même air.

Pour qu'il eût tout l'avantage
A la fête du hamiau,
De ribans à tout étage
J'ons embelli son chapiau ;
D'eune gentille rosette
J'ons orné son flageolet :
C' n'est pas que je la regrette,
Malgré moi l'ingrat me plaît ;
Mais, pour parer ce volage,
J'ons défait mon biau corset.
Faut-il qu'une autre l'engage,
Après tout ce que j'ai fait ?

LE CAPRICE AMOUREUX.

CLARICE.

Il faut donc serrer la toilette ?

NINETTE.

Qu'appellez-vous ? quoi ! ce confus amas ?
C'est donc là ce trésor dont on fait tant de cas,
　　Et qui me rendra si gentille ?

CLARICE.

Voilà vos diamans.

NINETTE.

　　　　Comme tout cela brille !
Mais j'aperçois des fleurs : elles ne sentent rien.

(*Elle laisse tomber les diamans, et passe par-dessus
　　pour aller prendre les fleurs.*)

DORINE.

L'art sait imiter la nature.

NINETTE.

Déjà je m'aperçois, à vous parler sans fard,
　　Qu'ici l'on ne doit rien qu'à l'art :
　　La beauté n'est qu'une peinture ;
　　Jusqu'aux fleurs, tout est imposture.

(*Elle jette le bouquet, voyant qu'il est de fleurs
　　　artificielles.*)

DORINE.

Vous allez de cet art connaître le pouvoir.
　　Que l'on approche le miroir.

　　　(*On lui présente un miroir.*)

LES AMOURS

Il voulait m'donner ribans, dentelles;
Mais toujours fidelle,
J'avons répondu :
Laissez-nous, monsieu, je somm' trop sage,
Sachez qu'au village
J'ons de la vartu.

Même air.

En honneur, je vous trouvons charmante,
Me dit un jour un petit collet.
Venez, vous serez ma gouvernante;
Cheux moi vous vous plairez tout à fait.
Tous ces biaux discours n'étiont qu'finesse;
J'ons connu l'adresse,
Et j'ons répondu :
Laissez-nous, monsieu, je somm' trop sage;
Sachez qu'au village
J'ons de la vartu.

COLAS.

AIR : *Buveur fidèle.*

De ce volage
Colas répond.
Je veux qu'il se rengage;
Mais prenez un autre ton;
Devenez un peu fine,
Légère et badine :

SCÈNE II.

NINETTE, FABRICE, DORINE, CLARICE;

FEMMES DE CHAMBRE.

FABRICE.

Je n'ai rien vu de plus aimable.

NINETTE.

Oh! monsieur, ne vous moquez pas.

FABRICE, à *Dorine.*

Quel air gauche!

NINETTE.

Hem! que dites-vous tout bas?

FABRICE.

Que nous vous trouvons adorable,
Que rien n'égale vos appas.

CLARICE.

Tout sentira le pouvoir de vos charmes.

NINETTE.

Comment?

CLARICE.

Il faut savoir se servir de ses armes.

BASTIENNE.

AIR *des Corsaires.*

Je sis contente :
La leçon m' sarvira.

COLAS.

S' rais-vous reconnaissante ?

BASTIENNE, *en lui faisant une révérence.*

Autant qu'il vous plaira.

COLAS, *à part.*

Ah! qu'elle est innocente !

(*à Bastienne.*)

R'pernais vot' belle himeur,
Ma pauv' petite,
Vous en serais quitte
Pour la peur.

BASTIENNE.

Adieu, monsieur.

SCÈNE III.

FABRICE, NINETTE.

NINETTE, *présentant l'éventail à Fabrice.*

A quoi cela sert-il ?

FABRICE.

Oh ! je vais vous l'apprendre.

NINETTE.

Voyons.

FABRICE.

Pour la décence et pour la volupté,
C'est le meuble le plus utile :
Sur les yeux ce rempart fragile
A la pudeur semble donner asile,
Et sert la curiosité.
En glissant un regard entre ses intervalles,
D'un coup d'œil juste on peut, en sûreté,
Observer un amant, critiquer des rivales ;
On peut, par son secours, en jouant la pudeur,
Tout examiner, tout entendre,
Rire de tout, sans alarmer l'honneur.
Son exercice est ce qu'il faut apprendre :
Son bruit sait exprimer le dépit, la fureur ;

SCÈNE IV.

BASTIEN, COLAS.

BASTIEN.

Air : *Si le roi m'avait donné.*

D'm'avoir instruit de mon bian,
Je vous remarcie.
Non, sans Bastienne, il n'est rian
De biau dans la vie :
Tout cet or qu'on me promet,
J'vous l'envoie au barniquet ;
J'aime mieux ma mie,
O gué !
J'aime mieux ma mie.

COLA

Air : *Adieu, paniers, vendanges sont faites.*

Las d'aller conter des fleurettes,
Vous vous rendais à mes avis ;
Trop tard vous les avais suivis,
Adieu, paniers,
Adieu, paniers,
Trop tard vous les avez suivis.
Adieu, paniers, vendanges sont faites.

NINETTE.

Faut-il grassayer ?

FABRICE.

Quelquefois
Cela ne sied pas mal.

NINETTE.

Vous en donnez l'exemple.
Oh! tenez, monsieur l'officier,
Vous allez très-fort m'ennuyer ;
Je le sens, plus je vous contemple.

FABRICE.

Hé bien, cela ne se dit pas.

NINETTE.

Pourquoi non, puisque je le pense ?

FABRICE.

Vous le pensez : d'accord ; mais en ce cas
On peut le faire entendre avec plus de décence.

NINETTE.

Eh comment ?

FABRICE.

Au besoin l'on a quelque vapeur :
Par ce secret on congédie
Les ennuyeux avec douceur.

NINETTE.

Oh! mon cher monsieur, je vous prie,
Montrez-moi ce secret.

LEL AMOURS

Même air.

Si j'allons dans la prairie,
All', me guett' venir de loin;
Pour me fair' queuqu' tricherie :
All' se gliss' darrier' le foin ;
All' me jette de la tarre ;
Et queuq' aut' fois aussi, dà,
All' me pousse dans la marre
Ce sont des preuves que ça.

Même air.

Pis, ce jour qu'à la main chaude,
On jouait sur le gazon,
Moi qui ne sis pas un glaude,
Je m'y boutis sans façon.
All', toujours folle et mâleine,
Pour me divartir un brin,
Courut tôt prendre eune épeine,
Et m'en tapit dans la main.

COLAS.

AIR : *Oh! oh! oh! oh!*

Mon ami, ta maîtresse,
A fait un autre amant :
Il est plein d'gentillesse,
Il est poli, charmant.

SCÈNE IV.

NINETTE, ASTOLPHE.

ASTOLPHE, à *Fabrice*.

Éloignez-vous.

(à *Ninette.*)
Qui peut exciter ce courroux ?

NINETTE.

Ah ! mon prince, c'est qu'il m'ennuie.

ASTOLPHE.

Vous avez de l'humeur.

NINETTE.

Oui ; je n'en aurais pas
Si je voyais ici Colas.
Vous m'aviez promis......

ASTOLPHE.

Quoi ! vous y pensez encore !
Souvenez-vous qu'un prince vous adore :
Laissez-lui du moins quelque espoir,
Et songez qu'il pourrait user de son pouvoir.

BASTIEN.

Air : *Que de bi, que de bariolet.*

L'aventure est cruelle !
J'en demeure stupéfait.
Pour ravoir cette belle,
Sauriez-vous un secret ?

COLAS.

Air : *J'ai rencontré ma mie.*

Ah ! mes pauvres enfans,
 J' vous plains fort ;
Car j'aime que les gens
 Soient d'accord.
Tout d'abord.
Dedans ce grimoire,
Je saurai ton sort.

(*Il tire de sa besace un livre de la bibliothèque bleue, et fait en lisant plusieurs contorsions qui font enfuir* Bastien.)

  Manche,
  Planche,
  Salme,
  Palme,
  Vendre,
  Cendre,
  D'jo
  Lo,

(*A Fabrice, montrant Ninette.*)
Qu'on étale à ses yeux la pompe de ma Cour.
(*A Ninette.*)
Souffrez qu'il vous conduise. Ah! je vois la princesse:
Evitons-la! je crains d'alarmer sa tendresse.

SCÈNE V.

ÉMILIE, CLARICE.

ÉMILIE.

Il s'éloigne de moi. Que ne puis-je douter....

CLARICE.

Ah! cessez de vous tourmenter.

ÉMILIE.

Hélas! chez la plupart des femmes,
L'infidélité d'un amant
Blesse la vanité plus que le sentiment;
Trop souvent l'amour propre est le lien des ames;
Mais la plus pure et la plus tendre ardeur,
Est le seul intérêt qui conduise mon cœur.

CLARICE.

Le prince, croyez-moi, connaît votre tendresse :
Il y répond.

LES AMOURS

Quand on trouve sa belle au bocage,
N' faut pas fair' le sot,
Ni le magot;
Faut du langage.
La fillette rougit, c'est l'usage;
Fille qui rougit
Tout bas approuve ce qu'on dit.

Du discours on passe au badinage.
La belle tout net
Donne un soufflet,
Car c'est l'usage;
A prendre un baiser ça vous engage:
Petit à petit
L'Amour ainsi fait son profit.

SCENE V.

BASTIEN seul.

AIR: *Et j'y pris bien du plaisir.*

J'ALLONS donc de ma brunette
Voir encor les doux appas.
J'aimons bian mieux c'te poulette
Que tous les plus biaux ducats.

SCÈNE VII.

ASTOLPHE, NINETTE.

ASTOLPHE.

Hé bien, que pensez-vous à présent de la Cour ?
N'a-t-elle pas de quoi vous plaire ?

NINETTE.

Des merveilles, c'est le séjour.
Tout change ici de caractère :
Les hommes y sont différens.
Je viens de rencontrer le seigneur d'un village
    De notre voisinage ;
Ce gentillâtre altier, qui sur les paysans,
    Roulait les yeux, levait la canne,
    Dans la foule des courtisans,
    Ici s'abaisse et fait la cane.
    Pourquoi sont-ils si complaisans,
Tous ces maîtres si fiers qu'au village on redoute ?
La Cour en les changeant, les rend-elle meilleurs ?
    Non, s'ils font bien ici, sans doute,
C'est pour avoir le droit de faire mal ailleurs.

ASTOLPHE.

Avec plaisir je vous écoute.

LES AMOURS

BASTIEN.

Pargué je n'savons
Ce que je frons.

BASTIENNE.

Sans le faire exprès,
Me voilà tout près.

BASTIEN.

Parlons-li tout net,
Risquons le paquet.
Ah! c'est vous! vous vlà!
Dam', itou me vlà,
Dà.

AIR : *Que fais-tu là-bas ?*

Bastienn', vous rêvais,
Eh! qu'est ç' qu'vous avais?
Est ç'que vous m'fait' la meine?

BASTIENNE.

Je n'vous r'connais pas,
Non, Bastien.

BASTIEN.

Hélas!
R'gardais-moi donc, Bastienne.

NINETTE.

Oh ! tout en me faisant caresse,
De moi l'on s'est très-bien moqué.
Chacun tout bas lâchait sa raillerie ;
J'entendais tout : *Remarquez, je vous prie,*
　Son maintien, sa marche, sa voix :
　Qu'elle a l'embonpoint villageois !

ASTOLPHE.

Ce n'est qu'une plaisanterie.
Vous les verrez bientôt, plus circonspects,
　Ne vous marquer que des respects.
Vous les verrez, pleins d'ardeur et de zèle
　Inventer pour vous des plaisirs,
　Dans vos yeux chercher vos désirs :
Je leur servirai de modèle.

SCÈNE VIII.

ÉMILIE, ASTOLPHE, NINETTE.

ÉMILIE.

C'est un triomphe digne d'elle :
Je dois rendre moi-même hommage à ses appas.

NINETTE.

Ah ! madame, vous voulez rire.

LES AMOURS

Je n'vois, au lieu d'mon amant,
 Qu'un inconstant.

BASTIEN.

AIR : *C'est une excuse.*

J'voyons bian ç' qui peut vous fâcher,
C'est qu'vous croyais qu'jons pu changer.
 T'nez, c'est c' qui vous abuse :
C'était un sort de queuque esprit ;
Mais le bon Colas l'a détruit.

BASTIENNE.

Mauvaise excuse.

AIR : *Je suis malade d'amour.*

Si vous avais un sort, eh bien,
 Pareil malheur m'obsède ;
Mais le bon Colas n'y peut rien,
 Et tout son art y cède ;
Bastien, pour un sort comme le mien
 Il n'est point de remède.

AIR : *Mon papa, toute la nuit.*

Mariais, mariais, mariais-vous
 Ça guari les sortiléges :
Mariais, mariais, mariais-vous,
 Rian n'est si bon qu'un époux.

Je ne viens point ici vous traiter de parjure ;
Je saurai de mon cœur étouffer le murmure.

NINETTE.

Le prince est donc votre amoureux ?

ÉMILIE.

Je m'en flattais.

NINETTE.

Ici l'on a donc l'avantage
De partager son cœur à deux ?
C'est encore un plaisant usage.
Le prince m'aime aussi, vraiment :
Il me l'a bien juré.

EMILIE, à Ninette.

Ce n'était qu'une feinte ;
Ne comptez pas sur la foi d'un amant :
L'honneur l'a dispensé de tenir son serment.

NINETTE.

Allez, n'ayez aucune crainte ;
De mon côté, j'aime Colas.

ASTOLPHE, regardant Ninette.
(A Emilie.)

Oui, je le fais venir ; ainsi ne croyez pas.

NINETTE, à Astolphe.

Non, laissez-moi plutôt retourner au village ;
Je ne veux pas ici demeurer davantage :

BASTIEN.

Même air.

J'nag'rons dans l'opulence :
Eun' maîtress' d'importance
Au gré de mes désirs,
Va payer mes plaisirs.

BASTIENNE.

Même air.

A Paris, la richesse
S' prodigue à la jeunesse ;
Et pour en ramasser,
Tiens, l'on n'a qu'à s'baisser.

(*Ils font semblant de s'en aller, et se rencontrent comme ils reviennent.*)

BASTIENNE.

AIR : *Dans un détour.*

Quoi ! vous voilà !
Mais je vous croyais bien loin déjà.

BASTIEN.

Vraiment, l'on s'en va,
J'nous apprêtons pour cela,
Là.

BASTIENNE.

Vous n'aurais sûrement
Nulle peine à me fuir, inconstant ?

SCÈNE IX.

ASTOLPHE, ÉMILIE.

ASTOLPHE.

Souffrez enfin que je m'explique :
Je croyais que ces paysans,
Par leur simplicité rustique,
Feraient avec nos courtisans
Des contrastes assez plaisans.

ÉMILIE.

Mais vous aimez cette Ninette :
Trop franche pour être discrète,
Elle m'instruit de votre feu.

ASTOLPHE.

A tort vous êtes inquiète ;
Je m'amusais, et ce n'était qu'un jeu.

ÉMILIE.

Si vous m'aimez, j'exige un plus sûr témoignage :
Renvoyez Ninette au village.

ASTOLPHE, *tendrement*.

Ne doutez plus de mon amour :
Je vous jure que je vous aime.

LES AMOURS

BASTIENNE.

Qu'est-ç' donc qui vous arrête ?

BASTIEN.

Je n'savons pas nager ;
Et pis avant d'être mort,
J'veux vous parler encor.

BASTIENNE.

Air : *Les niais de Sologne.*

Non, infidèle,
Cours à ta belle ;
Soins superflus ;
Non, Bastien, je n'vous aime plus.

BASTIEN.

A la bonne heure ;
Tu veux que j'meure :
Eh bien, je vais
Du hamiau sortir pour jamais.

BASTIENNE.

L'ingrat me quitte ;

BASTIEN.

Oui, tout de suite.
Voudrais-tu donc
Que j'allions comm' ça sans façon,
Être de ton joli monsieur,
Le sarviteur.

Le vent s'augmente,
Il perd l'espoir;
Ainsi mon cœur, qu'Amour tourmente,
Est agité,
Est emporté
Par son pouvoir.

Le nocher, loin du rivage,
Lutte en vain contre l'orage,
Quand l'onde
Dans la nuit gronde;
Le vent s'augmente,
Il perd l'espoir;
Ainsi, mon cœur, qu'Amour tourmente,
Est agité,
Est emporté
Par son pouvoir.

N'éloignons point Ninette, il y va de ma vie :
Mais tâchons d'appaiser les soupçons d'Emilie.

SCÈNE XI.

COLAS, seul.

ARIETTE.

Maudite race!
Laissez, de grace,
Les gens en paix.
Ah! quel désordre!
Cinquante ferluquets,
Comme autant de roquets
Cherchant à mordre,
Sont contre moi lâchés.

BASTIEN.

Quoique l'on prise
Des grand' richesses.

BASTIENNE.

Quoique l'on dise,
Ces grand' maîtresses.

ENSEMBLE.

BASTIEN.	BASTIENNE.
Si tu voulais	Si tu voulais
Renouer nos amours,	Renouer nos amours,
Je te pourrais	Je te pourrais
Aimer toujours.	Aimer toujours.

BASTIEN.

Rends-moi ton cœur,

Fais mon bonheur;

Viens dans mes bras.

BASTIENNE.

Hélas !

Qu'il est charmant

De faire un heureux dénouement.

ENSEMBLE.

BASTIENNE.	BASTIEN.
Va, je m'rengage,	Va je m'rengage,
Et sans partage,	Et sans partage,
Tian, v'là ma foi;	Tian, v'là ma foi;
Ta chère Bastienne est toute à toi.	Ton cher Bastien est tout à toi.
Plus de langage,	Plus de langage,
De verbiage;	De verbiage;
A nos dépens	A nos dépens
Ne faisons pas rire les gens.	Ne faisons pas rire les gens.

SCÈNE XII.

NINETTE, COLAS.

NINETTE.

Je viens parler au prince, afin qu'il me permette
De m'en aller; mais j'aperçois Colas.

COLAS.

Que me veut cette dame ?

NINETTE, *à part.*

Oh ! la bonne aventure !
Colas ne me reconnaît pas,
Avec ma beauté de peinture.

COLAS.

Comme elle me regarde.

INETTE, *à part.*

Eprouvons son amour.

(Elle baisse sa coiffe, se couvre le visage de son éventail, et joue cette scène en contrefaisant sa voix et en grasseyant.)

Quel suzet, s'il vous plaît, vous amène à la Cour ?

COLAS.

J'y vians charcher Ninette.

LES AMOURS

{ Sautons, faisons } fracas ;
{ Sautez, faites }
Chantais Bastien et Bastienne :
L'hymen, grâce à Colas,

{ Nous } enchaîne
{ Les }

Dans ses lacs.

LE CHŒUR.

Sautons, faisons fracas ;
Chantons Bastien et Bastienne :
L'hymen, grace à Colas,
  Les enchaîne
  Dans ses lacs.

BASTIEN, BASTIENNE.

Même air.

Vive la sorcellerie
Du fameux sorcier Colas ;
Il fallait tout' sa magie,
Pour nous tirer d'embarras.

BASTIENNE.

Il viant d'rapatrier
Bastien avec sa Bastienne.

BASTIEN.

Il viant d'nous marier ;
  Jarniguène,
  Queu sorcier !

COLAS.

Comment..... sans me connaître ?

NINETTE.

O ! cela n'y fait rien.
Vous avez certain air de physionomie....

COLAS.

Madame, en vérité....

NINETTE.

Qui s'annonce très-bien.

COLAS.

Oh ! quant à st' égard-là, tredame....

NINETTE.

Beaucoup de politesse.

COLAS.

Oh ! ventregué, Madame,
Je ne fais rien que mon devoir ;
On sait bien qu'il faut en avoir,
Quand on parle avec une femme.

NINETTE.

Vous êtes zentilhomme ?

COLAS.

Oh.....

NINETTE.

Ze m'en aperçois.

RONDE.

BASTIENNE.

Autrefois la jeune Thérèse
 Était niaise,
N'osait parler, ni l'ver les yeux ;
A présent c'est toute autre chose,
 Thérèse cause,
Alle raisonne tout au mieux.
Eh ! gai, gai, gai, légère bergère,
C'est l'Amour qui lui fit ce tour.

MINEUR.

Un biau jour, de sa bargerie,
 Dans la prairie,
Un de ses moutons s'égara ;
Voulant le chercher, la pauvrette,
 Fort inquiette,
Dans le fond d'un bois s'enfonça.
Eh ! gai, gai, gai, etc.

Coridon, qui de loin la guette,
 La voit seulette ;
De l'agneau contrefait la voix.
L'innocente y court au plus vîte ;
 C'est dans ce gîte
Où l'attend cet amant sournois.
Eh ! gai, gai, gai, etc.

Soudain vient me saisir !
Daignez me soutenir,
Ze tombe en faiblesse ;
Le zour, le zour me blesse.

(En tirant sa coiffe sur son visage.)

Mon cœur, mon cœur me laisse,
Ze vais mourir ;
La saleur m'assomme.

(Elle s'évente pour empêcher Colas de l'examiner.)

Ah ! le beau petit homme !
Lui seul, lui seul, lui seul peut me guérir ;
Oui, lui seul, lui seul peut me guérir.

Ah ! ze tombe en faiblesse ;
Le zour, le zour me blesse.
Mon cœur, mon cœur me laisse,
Mon cœur, mon cœur me laisse ;
Ze vais mourir :
La saleur m'assomme.
Ah ! le beau petit homme !
Lui seul, lui seul peut me guérir.

Si vous cercez fortune,
Ze vous en promets une :
Mais quelle vapeur vient me saisir ?
Daignez me soutenir.
Ah ! la saleur m'assomme !
Ze vais mourir.
Ah ! le beau petit homme !
Lui seul, lui seul, lui seul peut me guérir ;
Lui seul, lui seul peut me guérir.

COLAS.

Vous plaît-il que je vous délace ?

NINETTE.

Non, non ; ze me sens mieux.

NINETTE.

Quoi vous faites l'enfant ! Allons.

COLAS.

Morgué, la v'là.

NINETTE, *reprenant sa voix naturelle, et rejetant sa coiffe en arrière.*

Oh traître ! je t'attendais là.
Reconnais ta Ninette.

COLAS.

Oh Ninette !

NINETTE.

Oui, c'est elle.
Est-ce ainsi que tu m'es fidèle ?

COLAS.

Oh jarnigué ! qui pouvait croire ça ?

NINETTE.

Une dame
Vous enflamme !
Vous voulez l'avoir pour femme !
Mais vraiment ! c'est fort bien fait.

COLAS.

Pour toi seule je m'enflamme,
Je ne veux que toi pour femme.
Ton dépit est sans sujet ;
Voici le fait.

NINETTE.

Quoi, ton cœur connaît l'imposture !

COLAS.

Je te jure....

ACTEURS.

ASTOLPHE, roi de Lombardie.
FABRICE, confident d'Astolphe.
ÉMILIE, princesse, amante d'Astolphe.
NINETTE, villageoise.
COLAS, villageois.
DORINE, } suivantes.
CLARICE, }
PAYSANS, PAYSANNES.
CHASSEURS.
FEMMES DE CHAMBRE.
GARDES.

COLAS.

Laisse-moi dire.

NINETTE.

Il prend goût à la noblesse.

COLAS.

Je vais t'instruire,
Oui, crois-moi,
Je n'aime rien, rien que toi.

NINETTE.

Ah! parjure.

COLAS.

Cesse ta plainte.

NINETTE.

Quelle injure!

COLAS.

C'est une feinte.

ENSEMBLE.

NINETTE.	COLAS.
J'agirai comme tu fais,	Tu ne te plaindras jamais,
Je te quitte pour jamais.	Non, non, jamais.

COLAS.

Je t'assure....
Je te jure....

NINETTE.

Paroles
Frivoles.

ENSEMBLE.

NINETTE.	COLAS.
Je te quitte pour jamais;	Je ne changerai jamais,
J'agirai comme tu fais,	Non, non, jamais;
Je te quitte pour jamais.	Faisons la paix.

FIN DU SECOND ACTE.

De ce ramage
Nous donne cœur
A l'ouvrage.
Près de l'objet qui m'attendrit,
Je file à merveille;
Quand la fatigue m'assoupit
L'amour me réveille.

Mon ami, je suis ta fiancée,
Et demain tu m'épouseras ;
Dans une si douce pensée,
Va travailler, mon cher Colas ;
Va, songe en faisant ton ouvrage,
Que le fruit de tes soins sera bientôt pour moi.
En rêvant à notre ménage,
De mon côté je vais filer pour toi.

COLAS.

Tu veux déjà que je te quitte,
Je n'en ai pas la force ; hélas ! je suis si bien.
Pour m'encourager, ma petite,
Fais-moi donc un plaisir.

NINETTE.

Hé bien ?....

COLAS.

Donne ta main, que je la baise,
Ma chère Ninette.

NINETTE.

Allons, tien,
Baise-la.

COLAS.

Que tu me rends bien aise!

LE CAPRICE AMOUREUX.

ARIETTE.

J'aurai bientôt vengeance
D'un ingrat qui m'offense.
Traître,
Tu vas connaître
Quels maux l'amour fait naitre.
La colère me guide ;
Mais vouloir le punir,
C'est chercher à souffrir.
J'aurai vengeance
De cette offense :
Eh ! quoi mon cœur balance !
Dans mon dépit extrême,
Je sens trop que je l'aime.
En suivant ma colère,
Qu'est-ce donc que j'espère ?
Ah ! que plutôt je meure,
Ah ! si si perds Colas.....
Pauvre Ninette, pleure,
Et ne l'imite pas.

Je suivrai mon projet, ah ! comme je m'apprête.
Mais quelqu'un vient.

COLAS *chante sur l'arbre en continuant de cueillir ses fruits.*

ARIETTE.

Que le nom
De Ninon
Eclate dans ce bocage ;
Chantons l'objet mignon
Qui m'engage :
C'est la fleur,
C'est l'honneur
Des filles du village.
Absent
De ma belle un instant,
Mon sort
Est pire que la mort ;
Mais sa présence
Me récompense ;
Quand je la vois, tout mon plaisir commence ;
Joyeux et dispos,
J'oublions nos maux ;
Je chante à mon tour :
Eh vive l'Amour !
Eh vive l'Amour ! eh vive l'Amour !

On entend des cors de chasse.

COLAS, *sur l'arbre.*

Ah ! mes amis, notre plaine est couverte
De chiens, de chevaux, de piqueurs :
Ils entront dans la vigne : ah ! les maudits chasseurs !
Ces gens ont juré notre perte ;
Eh ! Pierre ? Carle ? alerte ! alerte !
De l'enclos la porte est ouverte ;
Fermez aussi le potager :
Si nous n'y prenons garde, ils vont tout saccager.

NINETTE.

Il doit bien se fâcher
Contre le prince et moi. Qu'on le fasse cacher
Dans quelque endroit où l'on nous puisse entendre,
Je veux autrement le surprendre.

SCÈNE III.

NINETTE seule.

Pourquoi suis-je venue ici ?
Pour la première fois, j'éprouve du souci ;
Est-ce l'effet de l'air qu'on y respire,
Qui nuit au calme de mon cœur ?
Chez nous je ne songe qu'à rire ;
J'y trouve le repos, les plaisirs, le bonheur.

ARIETTE.

Assise sur les bords
D'une onde pure,
Je m'endors
A son murmure ;
Sous un feuillage épais,
Je respire
Un air frais
Qui sort des bosquets :
Un doux zéphire
Sur mon sein soupire ;
Il voltige et soupire.

ASTOLPHE.

Oui, je lui rends justice,
Je devrais l'adorer; et mon cœur, malgré moi,
Victime de l'amour, peut-être du caprice,
Est prêt à lui manquer de foi.

FABRICE.

Que dites-vous, Seigneur ?

ASTOLPHE.

L'autre jour à la chasse
Je m'égarai dans l'épaisseur du bois :
J'y trouve un jeune objet qui m'aborde avec grace,
Et s'offre à me guider. La douceur de sa voix
Jusqu'en mon ame s'insinue ;
Sous un air de simplicité
Je vois triompher la beauté ;
Une modestie ingénue
Augmente ses charmes naissans :
La surprise et l'amour s'emparent de mes sens.

ARIETTE.

Oui, je l'aime pour jamais ;
Rien n'égale ses attraits :
De son teint la fleur naïve,
Toujours fraîche, toujours vive,
Confond les efforts de l'art ;
C'est la nature
Simple et pure :
Elle enchante d'un regard.
Dans son cœur est l'innocence,
Dans ses yeux est la candeur ;
Sa parure est la décence,
Et son fard est la pudeur.

Les habitans de ce séjour
Sont des oiseaux de nuit dont la faible paupière,
Ne saurait du soleil soutenir la lumière.
A l'éclat des flambeaux qui remplacent le jour,
  Autour d'une table verte,
  De petits cartons couverte,
Vos dames, vos seigneurs passent le temps assis;
Tout annonce des jeux, et chaque front se ride;
Bientôt de la beauté les traits sont affaiblis.
Ces seigneurs si galans, sont brusques, impolis,
De tout leur bien un seul instant décide;
  C'est à qui saura le ravir;
  Et je vois l'intérêt sordide,
  Où j'ai cru trouver le plaisir.
Plus loin, quelque important lâche une médisance;
 Un jeune objet, d'un air de complaisance,
 Rit en bâillant du trait qu'on croit subtil,
 Et dans un siége ouvert à l'indolence,
  Se laisse aller, et se balance
  En s'amusant avec un fil.
  En un mot, tout cela me lasse,
 Et je quitte un pays maudit,
  Où sans dormir on reste au lit,
  Où sans affaire on se tracasse,
  Où l'on mange sans appétit,
  Où pour s'étouffer on s'embrasse,
  Où poliment on se détruit,

Oui, j'adore Ninette; et cependant ma bouche
N'a point encore osé lui déclarer mon feu.

FABRICE.

Cette petite fille est-elle si farouche?

ASTOLPHE.

Elle me voit sans crainte.

FABRICE.

　　　　　　　Oh! quand on craint si peu,
C'est qu'on cherche à se rendre.

ASTOLPHE.

　　　　　　　Aux yeux de l'innocence
Il n'est jamais rien de suspect;
Comme elle est sans finesse, elle est sans défiance :
Mais un cœur corrompu frémit à son aspect;
Et si l'Amour la suit, c'est d'un pas circonspect :
Sans connaître l'effet de sa propre puissance,
Elle enchaîne l'audace, et la force au respect.

FABRICE.

Je ne le vois que trop, votre amour est extrême;
　　Mais que deviennent vos sermens?
La princesse bientôt saura vos sentimens.

ASTOLPHE.

Tout ce que tu me dis, je me le dis moi-même,
　　Va, n'augmente point mon souci;
Pour un instant laisse-moi seul ici.

LE CAPRICE AMOUREUX.

NINETTE.

Mais entre nous,
Il me demande un rendez-vous.

ÉMILIE.

Vous l'avez accepté ?

NINETTE.

Sans doute.
Je vous plains, cela vous déroute.
Mais dame....

ÉMILIE.

Vous qui de l'honneur
A tout propos faites parade,
Vous osez....

NINETTE.

On a beau me tendre une embuscade,
Je sais bien m'en tirer.

ÉMILIE.

C'est une folle erreur.

NINETTE.

ARIETTE.

Non, non, je n'ai point peur
Des ruses d'un trompeur.
Une fille de bien
Jamais ne craint rien :
Mais un cœur fragile,
Plus frêle que l'argile,
Est toujours en crainte,
Tout lui fait empreinte;

NINETTE.

Il faudra qu'il nous serve ;
Mais laissons-le venir : le voilà qui m'observe.
(Elle chante en faisant semblant de travailler.)

ARIETTE.

Je vois du plus beau jour
Lever l'aurore ;
Je sens au feu de l'Amour
Mon cœur éclore ;
Comme un oiseau tout petit,
Qui bat de l'aile,
Et, pour sortir du nid,
S'élance et chancèle :
Il palpite,
Il s'agite,
Il s'excite ;
Ah ! prendra-t-il l'essor,
Si jeune encor.

Sur ces bosquets charmans
Quand la nuit tombe,
J'entends les gémissemens
De la colombe ;
Et mon pauvre petit cœur
Aussi soupire,
Pour exprimer l'ardeur
Qui déjà l'inspire.
Il palpite, etc.

Des oiseaux amoureux,
Sous un feuillage,
J'admire en secret les jeux,
Le badinage ;

SCÈNE V.

COLAS seul.

ARIETTE.

Où Ninette est-elle ?
En vain je l'appelle.
Je cherche, je guette,
Ninette, Ninette,
Hélas ! tu me fuis !
Par mon imprudence,
Mon extravagance,
Je perds ce que j'aime.
J'ons causé moi-même
La peine où je suis.
Sort cruel, achève
D'accabler mon cœur.
Colas, on t'enlève
Tout ton bonheur.
Crêve, crêve, crêve, crêve,
De désespoir et de douleur.

Croirai-je, hélas ! ce qu'on vient de m'apprendre ?
Ninette, m'a-t-on dit, doit bientôt sans témoin
Avec le prince ici se rendre :
Je veux me cacher dans un coin.
Si le soupçon est véritable,
Je saurai me venger du tour que tu me fais,
Cruelle ! dans ma rage il faudra que j'éclate ;

NINETTE.

Oui, quelquefois : en sont-ils plus contens ?
Qui ne désire rien, n'est point dans l'indigence.

ASTOLPHE.

On veut vous procurer le sort le plus heureux ;
Vous n'aurez qu'à former des vœux :
Vous aurez des valets, des pages,
Des bijoux, de beaux équipages.

NINETTE.

Eh ! monsieur, qui me donnera
Toutes ces belles choses-là ?

ASTOLPHE.

Hélas ! quelqu'un qui vous adore,
Et qui n'a point osé vous en instruire encore.

ARIETTE.

Un doux penchant m'entraîne,
Le tendre amour m'enchaîne ;
Par vos attraits
Mon cœur se donne,
Oui, se donne à vous pour jamais.
Eh quoi ! ma flamme vous étonne !
Ninette ignore
L'amour encore !
Elle l'ignore,
Et sait lancer ses traits !....

NINETTE.

Lancer des traits ! je vous adore !
Ce sont de trop grands mots pour moi.

SCÈNE VII.

ASTOLPHE, NINETTE, COLAS.

ASTOLPHE, à *Ninette*.

Quoi ! vous éteignez les bougies ?....

NINETTE.

Oh ! n'en concluez rien : qu'il fasse jour ou nuit,
Mon cœur est bien gardé, je n'ai pas plus à craindre.

COLAS, à part.

Fort bien : jusqu'à présent je n'ons pas à nous plaindre.

ASTOLPHE.

Vos plus simples désirs règlent ma volonté ;
    Mais pourquoi cette obscurité ?

NINETTE.

    Pourquoi ? Votre belle Émilie,
Fâchée au dernier point qu'on me trouve jolie,
Espionne sans cesse, et pourrait nous troubler.
Sans contrainte à présent nous pouvons nous parler :
    Voyons ? qu'avez-vous à me dire ?

Je ne comprends point quelle fièvre
Peut faire ainsi courir les champs ;
Pour le plaisir de prendre un lièvre,
On ravage quarante arpens ;
Voyez....

ASTOLPHE.

Vous serez satisfaite.

NINETTE.

De tout mon cœur je vous dis grand merci :
Surtout ne venez plus ici ;
Car votre présence inquiète.

ASTOLPHE.

O ciel ! que dites-vous, Ninette !
J'espérais....

NINETTE.

Quoi !

ASTOLPHE.

Vous ne m'aimez donc pas ?

NINETTE.

Eh ! nenni vraiment ; c'est Colas.

ASTOLPHE.

Dieux !

NINETTE.

C'est un garçon du village,
Qui me recherche en mariage.

ASTOLPHE.

Ah ! vous n'y pensez point : placez mieux votre amour.
Le sort le plus brillant vous attend à la Cour.

SCÈNE IX.

ASTOLPHE, NINETTE, ÉMILIE, COLAS.

NINETTE, *à Émilie, qu'elle amène doucement dans l'obscurité.*

Chut, venez, on n'y voit goutte.

ASTOLPHE.

Ninette ?

NINETTE.

Me voici, mon prince. Je vais voir
Si tout est bien fermé ; je crains que l'on n'écoute.

COLAS, *à part, sous la table.*

Nous voilà dans la crise.

NINETTE.

Avancez doucement.

ASTOLPHE.

Plaît-il ? Je vous retrouve.

COLAS, *bas sous la table.*

Ah ! queu cruel moment !

ASTOLPHE.

J'ai désiré long-temps un cœur sans imposture ;
Un cœur simple, ingénu, formé par la nature ;
Ce bonheur qu'à la Cour on n'a point éprouvé...

NINETTE.

Ce merveilleux embrouille ma cervelle ;
Cependant je sens naître un désir curieux :
Si j'avais plus d'attraits, Colas m'aimerait mieux.

ASTOLPHE.

Hé bien, il faut vous satisfaire.

NINETTE.

Oh cela ne conviendrait guère.
Je n'ose.

ASTOLPHE.

Mon respect égale mon ardeur ;
Et sans rien exiger je veux votre bonheur.

ARIETTE.

Tout va vous rendre hommage ;
Quittez votre village.

NINETTE.

Oui-dà, oui-dà.

ASTOLPHE.

Le bonheur vous suivra ;
Mon but est de vous plaire :
Est-ce être téméraire ?
Si trop d'ardeur m'accuse,
Votre beauté m'excuse.

NINETTE.

Monsieur, tenez, Monsieur,
Je suis confuse, confuse
De tant d'honneur.

ASTOLPHE.

Ninette me refuse !
Elle veut que j'expire.

SCÈNE X.

ASTOLPHE, ÉMILIE, COLAS, NINETTE.

NINETTE, *au prince, en apportant des lumières.*

Ah ! gardez-la toujours.

ASTOLPHE.

Ciel ! qui s'offre à ma vue ?

COLAS.

Oh ! morguène, ais-je la berlue ?

NINETTE, *au prince.*

Vous avez ce trésor que vous cherchiez en vain.

ÉMILIE.

Certaine de votre inconstance,
En reproches, seigneur, j'aurais droit d'éclater ;
Elle me fait gémir plus qu'elle ne m'offense,
 Et m'afflige sans m'irriter.
J'ai perdu votre cœur, je n'ai plus d'espérance.

COLAS.

Ah ! je reviens de loin.

NINETTE, *à Colas.*

Songe à te corriger,
Touche là : c'est ainsi que je sais me venger.

SCÈNE V.

LE PRINCE, NINETTE, COLAS.

COLAS.

Tout beau, tout beau, laissez-là ma Ninette.

ASTOLPHE.

C'est donc là ce digne rival ?

NINETTE, *se mettant devant Colas.*

Ah ! Ne lui faites point de mal.

ASTOLPHE.

Ne craignez rien.

NINETTE, *bas à Colas.*

Vas-t-en.

COLAS, *bas à Ninette.*

Fais toi-même retraite ;
Je crains pour toi.

NINETTE, *bas à Colas.*

C'est pour toi que je crains.

ASTOLPHE.

Je ne viens point ici vous causer des chagrins.
Que sur son sort rien ne vous inquiète ;
Si Colas vous est cher, je deviens son ami.

(*à part.*)

Que ne puis-je éteindre ma flamme !

NINETTE.

> Ma richesse est son cœur.

COLAS.

J'allons nous marier : voilà le vrai bonheur.
> Pour être heureux, faut-il tant de mystères ?
> Ça nous suffit. Stapendant, Monseigneur,
Ne vous amusez plus à chasser sur nos terres :
> Le repos vaut mieux que l'honneur.

ASTOLPHE, à Émilie.

Voici l'instant où mon bonheur commence :
Il est doux d'être aimé d'un cœur dans l'innocence,
Qui ne doit ses attraits qu'à la simplicité ;
Mais au sein des grandeurs, un cœur sans imposture,
Que l'art a cultivé sans nuire à la nature,
Est d'un prix bien plus cher pour ma félicité.

QUATUOR.

NINETTE, à Colas.

Suis-je encore une traîtresse ?

ASTOLPHE, à Émilie.

Oubliez une folle erreur.

ÉMILIE, à Astolphe.

Votre excuse est ma tendresse.

COLAS, à Ninette.

Jarnigué, t'es fille d'honneur.

ASTOLPHE.

Colas a de l'humeur.

COLAS.

Non, Monseigneur ;
Je suis vot' sarviteur,
Très-humble sarviteur.
Ninette a votre cœur :
C'est pour nous bian d' l'honneur.

(à part.)

Va-t'en au diable.

ENSEMBLE.

NINETTE.	COLAS.
Sois plus traitable,	Qu'il aille au diable !
Sois plus traitable ;	Va-t'en au diable,
C'est un Seigneur :	Chien d' suborneur,
Plus de douceur ;	Chien d' suborneur,
C'est un Seigneur.	Chien d' suborneur !

ASTOLPHE.

Je comptais recevoir le prix de ma tendresse ;
L'heureux Colas vous intéresse :
Puisse-t-il mieux que moi faire votre bonheur !
Vous me plongez dans la douleur ;
Mais à vos vœux il faut se rendre.
Adieu, réfléchissez sur l'amour le plus tendre ;
Comptez toujours sur mes bienfaits.
Adieu, Ninette, adieu.

NINETTE.

Ces seigneurs, qui sont si fiers,
Te valent-ils avec tous leurs grands airs?

COLAS.

Ma p'tit' femme!....

ASTOLPHE.

Je vous aime.

COLAS.

Oh que j' t'aime!....

ÉMILIE ET NINETTE.

Que ces mots me sont chers!

ASTOLPHE.

Ma flamme
Est extrême.

NINETTE.   ÉMILIE, à Astolphe.

Des seigneurs je méprise la flamme.   Ne faisons qu'une seule ame.

COLAS.

Ma p'tit' femme,
A mes yeux
Tu vaux mieux
Qu'une dame.

Tous les quatre ensemble.

Que les plus tendres amours
Nous enchaînent pour toujours;
Aimons-nous toujours, toujours, toujours.

(*Astolphe se retire avec Émilie.*)

COLAS.

Oui, ce sont ces gens-là.... tu les as bien trouvés.
Tu ne sais pas leur manigance :
Si tu parmets que ces messieurs
Viennent te faire les doux yeux,
Leurs ruses me pardront : ils sont dans l'opulence ;
Moi je n'ai rien : qui prendrait ma défense ?
Qui parlerait pour Colas ?

NINETTE.

C'est mon cœur.
Ici connaît-on l'inconstance ?
Je prêterais l'oreille à leur ardeur
Pour en rire avec toi ; va sois en assurance.

ARIETTE.

En tourbillon
Un papillon
Vole sur la fleurette ;
Mais si quelqu'un le guette,
Sur lui se jette,
Il a bientôt fait retraite,
Et plus loin, sans danger,
Va voltiger ;
Quand on est prêt à l'attraper,
Il sait toujours vous échapper.
En tourbillon
Un papillon
Vole sur la fleurette ;
Mais si quelqu'un le guette,
Sur lui se jette,
Il fait aussitôt retraite,
Et plus loin, sans différer,
Va folâtrer.

LE CAPRICE AMOUREUX.

Hem ! dis, s'ras-tu bien aise ?
Moi, je suis tout d' braise.
Demain j' nous marrons :
Ninette, que j' rirons !
Oh ! queu plaisir je sens d'avance,
Lorsque j'y pense !
Jarni ! mon ame danse.
Quelle heureuse chance !
Mon cœur,
Lorsque j'y pense,
Mon cœur fait toc, toc, toc, toc, toc.
Ninette, mon bonheur
Augmentera sans cesse mon ardeur.
De ma flamme constante,
Va, tu s'ras bian contente.
Pour toi,
Mon cœur fait toc, toc, toc, toc, toc.
Drès que j'aurons ta foi,
Un roi
S'ra moins que moi.

FIN DU TROISIÈME ACTE.

COLAS.

Oh ! tout cela, morguène, est bel et bon ;
Mais n'v'là-t'il pas encor qu'il te regarde !
Puisqu'il n'est pas parti, rentre dans la maison.
  A toi je devons prendre garde,
Demain tu s'ras ma femme. Allons, point de façon,
  Faut rentrer.

NICETTE.

   Cette défiance
Devient pour Ninette une offense.

COLAS.

Lorsque le péril presse, on n'entend plus raison.
(Colas la tire par le bras pour la faire rentrer.)

NINETTE.

ARIETTE.

Ahi ! ahi ! il m'a fait grand mal,
  Le brutal, le brutal.

COLAS.

Oui, je vous ai fait grand mal.

NINETTE.

Le seigneur viant ici ;
Ahi ! ahi ! puisqu'on me traite ainsi,
Je vais me plaindre de ce pas.

COLAS.

Ninon.

NINETTE.

Non, non.

Sous un brillant étalage
Il faut trop de gravité.
J'aime mieux, en cotte légère,
Folâtrer sur la fougère.
L'on s'engage
A la Cour dans l'esclavage,
Et j'en sors comme un oiseau de sa cage :
A présent que je vais rire,
Que je vais rire de bon cœur !
Ta, la, la, la, la, la, la, lire ;
Je respire
Le bonheur.
Je respire
Le bonheur.
La Cour n'est qu'un esclavage :
L'avantage
Du village,
C'est de vivre en liberté.
L'avantage
Du village,
C'est de suivre la gaîté.
La dorure,
La parure,
Donne trop de gravité.
L'avantage
Du village,
C'est de vivre en liberté :
La dorure,
La parure
Nuit à la légèreté.
L'avantage
Du village,
C'est de suivre la gaîté.
A présent je n'ai rien qui me pèse,
A présent je me sens à mon aise :
Évitons l'embarras,
Le tracas,
Le fracas ;
Suis mes pas,
Mon cher Colas.

NINETTE.

Monseigneur, c'est Colas
Qui m'a m'a m'a demis le bras,
Hélas ! hélas !
(à Colas.)
Tu t'en repentiras.
Hélas ! hélas !
Oui, tu me le paieras.
Ah! ah! ah! ah! le bras!

ASTOLPHE.

Je suis surpris de son audace.

COLAS.

Oh ! tenez, monseigneur, de grace....

ASTOLPHE.

Est-ce là ce tendre Colas ?

COLAS.

Morgué, mon intérêt m'y force,
Ne mettez pas le doigt entre l'abre et l'écoce ;
Cela ne vous regarde pas.
Et tout franc......

FABRICE.

Doucement, c'est le prince.

COLAS.

Qu'entends-je ?

Le prince !

NINETTE.

Vous le prince ?

A MADAME FAVART,

JOUANT LE ROLE D'ANNETTE,

DANS ANNETTE ET LUBIN.

AIR : *Annette à l'âge de quinze ans.* (d'Annette et Lubin.)

Dans nos ouvrages d'agrément,
L'esprit détruit le sentiment :
Nos beautés ont toujours du fard ;
 Et la nature
 N'est simple et pure
 Que dans FAVART.

Si d'Annette elle prend l'habit,
Son air ingénu nous ravit ;
C'est le cœur qui parle sans art :
 Ce ton sincère
 D'une bergère
 N'est qu'à FAVART.

COLAS.

Ma chère Ninon! Mon amour!
Mon cœur!...

ASTOLPHE.

Consentez à me suivre.

COLAS, à *Ninette*.

Pourrais-tu me jouer ce tour?....

NINETTE.

Oui, j'y consens. Colas pourra connaître
Un peu mieux le prix de mon cœur.

(à part.)

Sans lui manquer de foi, je veux lui faire peur.

COLAS.

Oh jarnigué! rien n'est pus traître!....

NINETTE.

ARIETTE.

Colas, je renonce au village:
La Cour me convient davantage;
Chacun viendra me rendre hommage.
Cherche une paysanne,
Pour vivre en ta cabane;
Colas, pour toi, Ninette
N'est point faite.
J'aurai de beaux équipages,
Grands laquais et petits pages;
J'aurai des fontanges,
Des juppes à franges,
De belles dentelles,
Des modes nouvelles;

ANNETTE
ET LUBIN,

COMÉDIE

EN UN ACTE ET EN VERS LIBRES,

MÊLÉE D'ARIETTES ET DE VAUDEVILLES.

PAR MADAME FAVART ET M***.

Représentée pour la première fois par les Comédiens Italiens ordinaires du Roi, le 15 février 1762.

Ah! Princesse! Princesse!
En t'inclinant bien bas,
Protégez Colas,
Ne l'oubliez pas.
Adieu, pauvre Colas.

SCÈNE VIII.

COLAS, FABRICE.

COLAS.

Je suis pétrifié : ce coup me désespère.
Ah! malheureux, c'est fait de moi.
Pauvre Colas, que vas-tu faire?
Ninette a pu trahir sa foi!....

ARIETTE.

Aurait-on cru cela d'elle?
L'infidèle! suivons ses pas.

FABRICE.

Tout beau, Colas.
(*Il se présente plusieurs chasseurs qui s'opposent à Colas.*)

COLAS.

Palsangué! ne m'arrêtez!....
Ah! c'est trop de barbarie!
Eh! messieurs, je vous en prie,
Laissez, laissez-moi.

FABRICE.

Colas, calme-toi.

ANNETTE ET LUBIN,
COMÉDIE.

SCÈNE PREMIÈRE.

LE BAILLI, LE SEIGNEUR.

(On entend un bruit de cor de chasse.)

ARIETTE DIALOGUÉE.

LE SEIGNEUR.

Bailli?

LE BAILLI.

Monseigneur, Monseigneur.

LE SEIGNEUR.

N'avez-vous pas vu mon piqueur?
Avez-vous vu le cerf? Mes chiens ont pris le change.

LE BAILLI.

Ah! Monseigneur, c'est une chose étrange.
Il faut le décréter, et le mettre en prison.

LE SEIGNEUR.

Un cerf?.... perdez-vous la raison?

FABRICE.

Vaine fureur!

COLAS.

Hélas! ma pauvre Ninette,
La Cour te rendra coquette.

FABRICE.

Va, c'est une affaire faite.

COLAS.

Quel crève-cœur!
Ninette.... ah! quel malheur!
Ninette, je meurs de douleur:
Ah! quel malheur!

(*Les chasseurs, après avoir éloigné Colas, forment une danse qui finit l'acte.*)

FIN DU PREMIER ACTE.

LE BAILLI.

Oui, Monseigneur, l'affaire est criminelle.
Annette est fille, et Lubin est garçon.
Ils s'aiment tous les deux.

LE SEIGNEUR.

La chose est naturelle.

LE BAILLI.

Quoi ! s'aimer sans permission.....?

LE SEIGNEUR.

En faut-il pour s'aimer ?

LE BAILLI.

Mais Annette est si belle !

LE SEIGNEUR.

Oui-dà ! je ne la connais pas.

LE BAILLI.

Ah ! Monseigneur, qu'elle a d'appas !

Air : *Quand la bergère vient des champs.*

Annette, à l'âge de quinze ans,
Est une image du printemps ;
C'est l'aurore d'un beau matin,
 Qui ne veut naître
 Et ne paraître
 Que pour Lubin.

Son teint, bruni par le soleil,
Est plus piquant, est plus vermeil ;
Blancheur de lis est sur son sein :
 Mouchoir le couvre,
 Et ne s'entrouvre
 Que pour Lubin.

DORINE.

Que j'accommode
Ce ruban-là.

NINETTE.

Qu'elle est incommode !
Laissez-moi donc là.
C'est trop de peine ;
C'est trop de gêne :
Cette parure
Me met à la torture :
Cette parure,
Ah !
M'étouffera.
Laissez,
Cela me lasse ;
Cessez,
Cessez, de grace ;
Laissez-moi donc là.

DORINE.

Mais c'est la mode,
Suivez, suivez-la.

NINETTE.

Qu'elle est incommode !
Mais, mais, mais, laissez-moi donc là.

DORINE.

Du moins, que madame permette......

NINETTE.

Je ne suis point madame, on m'appelle Ninette.

DORINE.

Un peu de rouge encore.

NINETTE.

Encor me barbouiller....
Tenez, nous allons nous brouiller.

COMÉDIE.

AIR : *Une jeune batelière.*

Ce n'est que dans la retraite
Qu'on jouit des vrais plaisirs ;
Sans regrets et sans désirs,
L'ame est libre et satisfaite.
Heureux, heureux dont le cœur
Trouve en soi tout son bonheur!

La vertu douce et tranquille
Fuit le faste et la grandeur :
L'innocence et la candeur
N'habitent que cet asile.
Heureux, heureux, etc.

LE BAILLI.

Excusez-vous Lubin ?

LE SEIGNEUR.

Non; ce serait dommage
Qu'Annette fût le prix d'un amour villageois.

LE BAILLI.

Voilà Lubin qui sort du bois,
Parlez-lui.

LE SEIGNEUR.

Je ne puis m'arrêter davantage ;
Conduisez-moi par ce sentier ;
Vous reviendrez après les épier.

NINETTE.

Que vois-je ! C'est-là moi....?

DORINE.

Vous-même.

NINETTE.

Cela ne se peut pas ! Ma surprise est extrême !
Cela fait peur... je ne puis concevoir...
Comment ! cela me représente !
Hé mais, oui-dà; je suis assez plaisante.

ARIETTE.

Ah ! comme me voilà !
Ah ! ah ! ah ! ah !
Ah ! comme me voilà !
Il faut marcher en cadence
Pour porter ce fardeau-la.
Voyez comme il balance !
Rien n'est si drôle que cela.
Des deux côtés une anse :
Ah ! comme Colas en rira !
Ah ! ah ! ah ! ah !

DORINE.

Il faut prendre un air d'importance,
Et cela très-bien vous siéra.

NINETTE.

Mais moi qui toujours saute et danse,
Cet attirail me gênera :
Voyez comme il balance !
Rien n'est si drôle que cela.
Ah ! ah ! ah ! ah !
Des deux côtés une anse :
Ah ! comme Colas en rira !

COMÉDIE.

J'y trouverai toujours
Les jours
Trop courts.
Pour elle que je prenne
Quelque peine,
Je m'en trouve toujours bien,
Très-bien.
Avançons l'ouvrage ;
Bon courage,
Ne négligeons rien,
L'on m'en paiera bien.

Étendons pour tapis cette natte de jonc ;
N'oublions pas les moindres choses.
Sur ce petit banc de gazon,
Près de Lubin, Annette, il faut que tu reposes.
Un si joli réduit ferait envie au roi ;
Mais il y faut être avec toi.

ARIETTE.

Da te, Cutano, non posso andar.

Ma chère Annette
N'arrive pas,
N'arrive pas,
N'arrive pas :
Tout m'inquiète.
Hâte tes pas,
Viens dans mes bras,
Viens dans mes bras ;
Le temps s'avance,
Je suis en transe,
Je suis en transe,
Le temps s'avance.
Hâte-toi,
Je t'attends :
Je la vois,
Je l'entends.

FABRICE.

Il est encore un plus grand art,
Et le cœur doit avoir son fard;
A la Cour, la grande science
Est de voiler ce que l'on pense.
De la politesse, toujours :
La haine n'y paraît qu'en masque de velours.

NINETTE.

Oh! je ne veux plus rien entendre;
Fi donc, vous me faites frémir.
La haine !

(*Elle fait quelques pas pour s'en aller.*)

DORINE.

Un évantail? Madame va sortir.

(*Clarice lui présente un évantail, Ninette lui fait une révérence, et salue ses autres femmes de chambre, par gradation.*)

De ce côteau, regardons dans la plaine :
Je ne vois rien, tout redouble ma peine.
  Ma chère Annette,
  Toi si jeunette,
  Tu vas seulette !
Si par malheur, on t'attend, on te guette !
  Ah ! ma chère Annette,
   Ah ! que l'attente
   M'impatiente,
   Et me tourmente !
   Ah ! que l'attente
   Me fait souffrir !
   Annette absente
   Me fait mourir,
   Me fait mourir.

Mais il n'est pas si tard que je le pense.
Je mesure le temps à mon impatience,
 Plus qu'à la hauteur du soleil ;
Sans doute Annette éprouve un sentiment pareil.

SCÈNE III.

ANNETTE, LUBIN.

ANNETTE, *dans l'enfoncement du théâtre.*

AIR : *Ce n'est point une folie.*

C'est la fille à Simonette,
 Qui porte un panier d'œufs frais.

LUBIN *récite.*

Pour le coup la voilà ! je n'ai plus de souci.

ANNETTE *chante.*

 Elle voit une fauvette,
 Elle veut courir après.

Son mouvement léger, un sentiment plus tendre.
L'éventail sert souvent de signal à l'Amour,
 Met un beau bras dans tout son jour,
 Donne un maintien, quand on sait prendre
 Des airs aisés et naturels
Qui tiennent lieu de talens plus réels;
Enfin, entre les mains d'une femme jolie,
 C'est le sceptre de la folie
 Qui commande à tous les mortels.

NINETTE.

Cet exercice est un peu difficile;
Mais allons voir la Cour.

FABRICE.

    Doucement, doucement.
Vous vous trouvez ici dans un autre élément ;
Je dois vous éclairer.

NINETTE.

    Cela m'est inutile ;
Et s'il faut parler franchement.....

FABRICE.

Mettez dans vos accens plus de délicatesse.
Entre nous, votre ton est un peu villageois ;
Vous prononcez trop bien. Il faut dans votre voix
 Plus de lenteur et de mollesse.

ANNETTE.

Je vais plus doucement, Lubin, quand je te quitte.

LUBIN.

Laisse-moi te gronder, tais-toi.

ANNETTE.

Gronde, si tu le peux.

LUBIN, *lui essuyant le visage.*

Ah! la pauvre petite!
Ah! comme elle a chaud!

ANNETTE.

Eh bien?

LUBIN.

Quoi?

ANNETTE, *souriant.*

Gronde donc.

LUBIN, *l'embrassant.*

Voilà pour t'apprendre
A venir te moquer de moi.

ANNETTE.

Je serais fille à te le rendre.

LUBIN.

Tu n'iras plus si vîte?

ANNETTE.

Non;
Je te demande bien pardon
De n'être pas plus tôt venue.

FABRICE.

Pourquoi ?

NINETTE.

Pour vous congédier.

FABRICE.

Oui, mais écoutez-moi :
Les vapeurs ont encore un plus doux avantage,
Et l'on peut s'en servir pour un meilleur usage.
Je veux vous expliquer......

NINETTE.

Moi, je ne le veux pas.

FABRICE.

Eh mais...

NINETTE.

Pour le présent je veux être impolie.
Allez-vous-en.

FABRICE.

Mais.....

NINETTE.

Si tu ne t'en vas...
Ah ! mon prince, venez, venez, je vous supplie ;
Qu'on le renvoie.

COMÉDIE.

ANNETTE.

De la nature entière,
Nous goûtons les bienfaits.

LUBIN.

Ma chère !

ENSEMBLE.

La lumière et l'air sont à nous ;
Nos cœurs sont purs, nos jours sont doux.

ANNETTE.

Toutes ces maisons magnifiques,
Qu'à la ville on trouve partout,
Ne valent pas nos toits rustiques.
Ces feuillages nouveaux sont bien plus de mon goût,
Que ces planchers pleins de dorure
Où l'on ne voit le bonheur qu'en peinture.

LUBIN.

Les grands ne sont heureux qu'en nous contrefaisant :
Chez eux la plus riche tenture
Ne leur paraît un spectacle amusant
Qu'autant qu'elle rend bien nos champs, notre verdure,
Nos danses sous l'ormeau, nos travaux, nos loisirs ;
Ils appellent cela, je crois, un paysage.

ANNETTE.

Ah ! Lubin, nous devons bien aimer nos plaisirs,
Puisqu'il faut tant d'argent pour en avoir l'image.

LUBIN.

Pauvres gens.... leur grandeur ne doit pas nous tenter :
Ils peignent nos plaisirs, au lieu de les goûter.

NINETTE.

ARIETTE.

Donnez-moi deux cœurs
Par votre pouvoir suprême,
Donnez-moi deux cœurs;
Et s'il faut que je vous aime,
Vous serez aimé de même.
Je n'ai qu'une ame,
C'est pour Colas ; je n'ai qu'une ame....?
Qui ne peut partager sa flamme.

ASTOLPHE.

Seul il règne sur votre ame....?

NINETTE.

Je n'ai qu'une ame.

ASTOLPHE.

Et vous méprisez ma flamme....?

NINETTE.

Ensemble. { Toujours fidèle à mes ardeurs.
ASTOLPHE.
Rien n'est égal à mes ardeurs.

NINETTE.

Ensemble. { Donnez-moi deux cœurs.
ASTOLPHE.
Ah! que ne suis-je aimé de même!

Vous allez voir Colas ; j'espère qu'en ce jour
Vous mettrez entre nous un peu de différence ;
Je ne veux qu'à force d'amour
Lui disputer la préférence.

Cette eau pure, ce lait vont faire nos délices :
Des fruits nouveaux de la saison
Je t'ai réservé les prémices ;
A propos, j'oubliais....

ANNETTE.

Quoi donc !

(Lubin lui donnant une branche de roses.)

AIR.

Chère Annette, reçois l'hommage
Que chaque jour te rend mon cœur :
Ce bouquet est la douce image
De ton éclat, de ta fraîcheur.
Pour donner encor plus de grace
Aux fleurs dont pour toi j'ai fait choix,
Contre ton sein que je les place,
Ces deux roses en feront trois.

Ah ! Lubin, je te remercie ;
Avec ce bouquet-là je me croirai jolie.

LUBIN.

Repose-toi sur ce banc de gazon ;
Notre dîner est simple et sans façon :
Quand c'est l'amitié qui l'apprête,
Chaque repas est un festin.

ANNETTE.

Tout ce qu'on peut servir dans un grand jour de fête,
Ne vaut pas un morceau de pain
Que je mange avec toi, Lubin.

(On entend un ramage d'oiseaux.)

ÉMILIE.

Tu voudrais me calmer :
Trop aisément peut-être ai-je pu m'alarmer :
Examine leurs pas, si mon sort t'intéresse.

SCÈNE VI.

CLARICE, seule.

ARIETTE.

Viens, espoir enchanteur,
Viens consoler mon cœur;
D'un sort plein de douceur
Peins-moi l'image.
Viens, espoir enchanteur,
Viens consoler mon cœur.
Promets-moi le bonheur
D'enchaîner mon vainqueur,
De fixer son ardeur
Trop volage.
Viens me tracer l'image
Du plus parfait hommage :
Promets-moi l'avantage
De fixer un volage.
Espoir flatteur,
Viens consoler mon cœur.

Mais quel est cet objet qu'ici le prince amène ?
C'est cette villageoise. Il faut les observer.
Ah ! que l'amour fait éprouver
De transports différens à mon ame incertaine !

COMÉDIE.
ANNETTE.
AIR.

Il était une fille,
Une fille d'honneur,
Qui plaisait fort à son seigneur.
En son chemin rencontre
Ce seigneur déloyal,
Monté sur son cheval.

Mettant le pied à terre,
Entre ses bras la prend :
Embrasse-moi, ma belle enfant.
Hélas ! ce lui dit-elle,
Le cœur transi de peur,
Volontiers, Monseigneur.

Mon frère est dans ses vignes ;
Vraiment, s'il voyait ça,
Il l'irait dire à mon papa.
Montez sur cette roche,
Jettez les yeux là-bas ;
Ne le voyez-vous pas ?

Tandis qu'il y regarde,
La finette aussitôt
Sur le cheval ne fait qu'un saut.
Adieu, mon gentilhomme ;
Et zeste, elle s'en va ;
Monseigneur reste là.

Cela vous apprend comme
On attrape un méchant :
Quand on le veut, on se défend ;
Mais on ne voit plus guère
De ces filles d'honneur
Refuser un seigneur.

LUBIN.

Pardi, pardi, c'est un bon tour.
La drôle de chanson !

NINETTE.

J'ai vu de toutes parts, de beaux petits objets
    A talons rouges, en plumets;
  Ne sont-ce pas des femmes en épées?
J'ai vu trotter aussi de gentilles poupées,
    Qui portent des petits colets.
   Ah! que de plaisans personnages!
Crainte de déranger l'ordre de leurs visages,
  Ils parlent tous comme des flageolets:
    Tu, tu, tu, tu. Dans nos villages,
Nous n'avons jamais vu de ces colifichets.
  Et puis j'ai vu de graves freluquets
    Qui prenaient un air d'importance;
    Et de jolis vieillards coquets
   Qui semblaient marcher en cadence.
   L'un d'eux, pour me voir de plus près,
   Jusques sous mon menton s'approche,
    En tirant un œil de sa poche:
« *C'est un bijou, c'est un ange. Eh! mais, mais....* »

ASTOLPHE.

Chacun avec ardeur vous a fait politesse.

NINETTE.

Oui, oui.

ASTOLPHE.

   Comment? vous en a-t-on manqué?

COMÉDIE.

ANNETTE.

Tiens, ta belle chanson m'ennuie.
Que veut dire le dieu des cœurs ?
Et des chaînes avec des fleurs ?
Chante-m'en une plus jolie,
Mon cher ami Lubin.

LE BAILLI.

Mon cher ami Lubin !
Ah ! qu'il est heureux le coquin !

ANNETTE.

Ces chansons du château ne valent pas les nôtres.

LUBIN.

Bon ! à la ville on en chante bien d'autres :
On y parle des pleurs, des craintes, des tourmens.
C'est de l'amour, des rivaux, des amans,
Des soupirs, des soupçons, des plaintes,
Des flammes, des ardeurs éteintes.

ANNETTE.

Ne m'aime pas comme à la ville.

LUBIN.

Oh ! non,
Notre amitié vaut mieux.

LE BAILLI, *à part.*

Ah ! comme ils se regardent !

ANNETTE.

Mais où sont nos troupeaux ?

ASTOLPHE.

Princesse....

ÉMILIE.

Ne vous gênez pas;
Si je vous nuis, je me retire.

NINETTE.

Restez, nous n'avons point de secrets entre nous.

ASTOLPHE, à Émilie.

Rien ne peut démentir mes sentimens pour vous.

NINETTE.

Le prince a des bontés dont je ne suis pas digne.

ASTOLPHE, bas à Ninette, lui faisant signe de se taire.

Ninette.....

NINETTE.

Quoi.....

ASTOLPHE, à Émilie.

Madame....

ÉMILIE.

Hé, laissez-la parler.
(A Ninette.)
Hé bien?

NINETTE.

Oh! non : le prince me fait signe.

ASTOLPHE.

Qui, moi?....

ÉMILIE, au prince.

Cessez de vous troubler:

LE BAILLI, *les poings sur les côtés, et secouant la tête.*

N'êtes-vous pas honteuse ?.....

ANNETTE.

Ah ! vous m'avez fait peur.

LE BAILLI.

Sont-ce là les leçons
Que vous donnait votre défunte mère ?
La pauvre femme, hélas !

ANNETTE.

D'où vient votre colère ?

LE BAILLI.

Vous a-t-elle ordonné d'écouter les garçons ?

ANNETTE.

Oh ! jamais cela ne m'arrive.

LE BAILLI.

Ne le croirait-on pas à sa mine naïve ?
Et Lubin, s'il vous plaît, Lubin ?

ANNETTE.

Ce n'est pas un garçon.

LE BAILLI.

Quoi donc ?

ANNETTE.

C'est mon cousin.

Le BAILLI.

Votre cousin !

Je connais déjà qu'à la Cour,
Au faîte des grandeurs, on n'a que des alarmes :
Dans notre champêtre séjour,
Notre pauvreté même a pour nous plus de charmes;
Je dois rendre en partant la paix à votre amour.

ARIETTE.

Dans nos prairies
Toujours fleuries,
On voit sourire
Un doux zéphire :
Le vent dans la plaine
Suspend son haleine;
Mais il s'excite
Sur les côteaux;
Sans cesse il agite
Les orgueilleux ormeaux:
Il s'irrite ;
Sans cesse il agite
Les ormeaux.

Comme nos fleurs
Dans nos asiles,
On voit nos cœurs
Toujours tranquilles ;
Mais comme un feuillage
Qu'un vent ravage,
Vos cœurs sont agités,
Vos cœurs sont tourmentés.
Dans nos asiles
Nos cœurs tranquilles
Par les amours, sont toujours caressés,
Toujours bercés,
Toujours caressés.

(Elle sort.)

COMÉDIE.

LE BAILLI.

Et vous le demandez!...
Annette, hélas! vous vous perdez.

ARIETTE.

Si par les vents nos champs sont ravagés,
Si par les loups nos moutons sont mangés,
Si le tonnerre tombe et consume nos granges,
Si la grêle détruit l'espoir de nos vendanges,
Nos habitans vous accuseront tous ;
Et s'ils meurent de soif, ils s'en prendront à vous.

ANNETTE.

Bon! bon! notre amitié ne fait mal à personne.

LE BAILLI.

Votre amitié.... c'est de l'amour !

ANNETTE.

O ciel !

LE BAILLI.

Et cet amour est criminel ;
Mais n'appréhendez pas que je vous abandonne.
Pour réparer la faute, il n'est qu'un seul moyen :
Annette, je vous aime bien.

ANNETTE.

Oh! vous avez l'ame trop bonne ;
Car moi je ne vous aime pas.

LE BAILLI.

Épousez-moi pour sortir d'embarras ;
Votre conduite alors ne sera plus suspecte :
On vous respectera comme l'on me respecte.

LE CAPRICE AMOUREUX.

ÉMILIE.

Ce regard me rassure, et me rappelle au jour.
Hélas! j'aide peut-être à me tromper moi-même.

ASTOLPHE. ÉMILIE.

DUO.

Au sein des alarmes,
L'amour a des charmes;
Lorsque dans les larmes
Il trempe ses armes :
Il perce les cœurs
D'une tendre plainte;
Quand l'ame est atteinte,
Les traits qu'Amour lance
Ont plus de puissance,
Sont toujours vainqueurs.

ASTOLPHE.

Allez, je vais songer à dissiper vos craintes.

SCÈNE X.

ASTOLPHE, *seul.*

Oui, j'ai trop mérité ses plaintes,
Et je dois faire un effort généreux :
Je veux.... ô Ciel! sais-je ce que je veux?

ARIETTE.

Le nocher, loin du rivage,
Lutte en vain contre l'orage,
Quand il voit régner sur l'onde
La nuit profonde;

COMÉDIE.

ANNETTE.

Mon cœur....

LE BAILLI.

D'horreur...

ANNETTE.

Transi...

LE BAILLI.

Saisi...
Tremblez.

ANNETTE.

Vous me troublez.

LE BAILLI, *à part, en s'en allant.*

Rendons compte au seigneur de leur témérité,
Employons son autorité.

SCÈNE VI.

ANNETTE, *seule.*

Je suis confuse : ah ! que viens-je d'entendre !
Aux maux qu'il m'a prédits je ne peux rien comprendre.

ARIETTE.

Pauvre Annette ! ah ! pauvre Annette !
Quelle douleur secrète
Me frappe et m'inquiète !
Dans les larmes,
Dans les alarmes,

Ah ! si vous m'approchez !....
L'un viant me tirer mon chapiau,
Et l'autre mon mantiau ;
Ils m'ont quasiment écrasé.
Je suis brisé.

Maudite race !
Laissez, de grace,
Les gens en paix.
Ah ! quel désordre !
Cinquante ferluquets,
Comme autant de roquets
Cherchant à mordre,
Sur moi sont accourus.
Je n'en puis plus;
Je perds haleine :
Ça n'est, morguène,
Ni bian, ni biau;
Celui-ci tire mon chapiau,
Et l'autre mon mantiau.
Je suis poussé,
Pressé,
Jeté,
Balotté.
Ils m'ont quasiment écrasé.
Je suis brisé,
Je suis brisé.

M'a-t-on fait quitter le village
Pour se gausser de moi ? Six grands valets maudits,
Malgré mes dents, m'ont mis cet équipage.
Qu'ai-je besoin de tous ces biaux habits ?
Il ne me faut rian que Ninette.
On m'est venu charcher pour me la faire voir ;
Et je ne la vois point : tout ceci m'inquiète.
Veut-on me mettre au désespoir ?

ANNETTE.

Par nos enfans.

LUBIN.

Mais nous n'en avons pas.

ANNETTE.

Le bailli m'a prédit que je serais la mère ;
Et c'est toi qui sera le père.

LUBIN.

Père ! mère ! Ah ! c'est drôle..... Eh bien, est-ce le cas
De te chagriner de la sorte ?

ANNETTE.

Comment se pourrait-il ?

LUBIN.

Je n'en sais rien... qu'importe ?
Nous aurons des enfans : tant mieux.
Ah ! qu'un petit Lubin rendrait mon cœur joyeux ?
Il t'aimerait comme je t'aime :
Tiens, ce serait le trésor à nous deux.
Si c'était une fille, eh bien ! c'est tout de même ;
Douce et gentille comme toi,
C'est encore un trésor à moi.

ANNETTE.

Mais, selon le bailli, ces chers enfans, peut-être,
Ne voudront plus nous reconnaître.

NINETTE.

Hem ! Ninette ?

COLAS.

Oui, madame :
Une fille d'honneur qui doit être ma femme,
Et qui m'a planté là.

NINETTE.

Cela ne convient pas.

COLAS.

Nenni, morgué.

NINETTE.

Mais ce doit être
Le moindre de vos embarras.
Fait comme vous, on est touzours le maître
De faire un meilleur çoix.

COLAS.

Mais chacun vaut son prix.

NINETTE.

Beaucoup vous traiteraient avec moins de mépris ;
Et ze vous le dis en amie.

COLAS.

Oh ! c'est trop....

NINETTE.

Ze vous veux du bien.

Lorsque nous cherchons à plaire,
Ce sont des amitiés que nous comptons nous faire :
Eh bien, tiens, c'est l'amour que tous deux nous faisons.

LUBIN.

L'amour !

ANNETTE.

Va, laisse-moi, je ne suis plus tranquille :
Nous nous aimons comme à la ville ;
L'amour fera notre tourment.
Je t'aime, et je voudrais t'en faire des reproches ;
Je tremble dès que tu m'approches :
Je t'ai cru mon ami, tu n'es que mon amant.

Air : *Il est donc vrai, Lucile.*

Jeune et novice encore,
J'aime de bonne foi ;
Cet amour que j'ignore
Est venu malgré moi :
Je ne savais pas même
Son nom jusqu'à ce jour.
Hélas ! dès que l'on aime,
On a donc de l'amour !

Ta voix seule me touche
Par un charme flatteur ;
Chaque mot de ta bouche
Passe jusqu'en mon cœur ;
Loin de toi, ta bergère
N'aurait pas un beau jour :
Hélas ! comment donc faire
Pour n'avoir point d'amour !

COLAS.

Eh mais.... un peu.

NINETTE.

Vous êtes bien modeste.

COLAS.

Oui, gentilhomme villageois.

NINETTE.

Oh ! vraiment c'est l'être de reste,
Et vous méritez bien que l'on vous protèze.

COLAS, *à part.*

Ouais !
Cette dame m'en veut, je crois.

NINETTE.

Oui, vous serez ma créature.

COLAS, *à part.*

On m'avait bien dit qu'à la Cour,
Quand on savait présenter sa figure,
On faisait bien du chemin en un jour.

NINETTE.

ARIETTE.

Qu'il a de zentillesse !
A vous on s'intéresse ;
Si vous cercez ici fortune,
Mon cer enfant, ze vous en promets une :
Mais quelle vapeur importune

(*Elle porte la main à sa tête pour se cacher à Colas
qui veut la regarder.*)

Une abeille farouche
Un jour piqua ta main.

ANNETTE.

Un baiser de ta bouche
En fut le médecin.
  Eh ! mais, etc.

Tu te sens à la gêne,
Le soir, dans ton corset ;
Moi te voyant en peine,
Je défais ton lacet.
  Eh ! mais, etc.

Quelquefois tu sommeilles
Doucement dans mes bras.

ANNETTE.

Quelquefois tu m'éveilles,
Mais je ne m'en plains pas.
  Eh ! mais, etc.

ANNETTE.

Mais voilà tout pourtant : il dit que c'est un crime.
Est-il donc vrai, Lubin ?

LUBIN.

            Cesse de t'alarmer :
C'est un mal de haïr, c'est un bien que d'aimer.

ANNETTE.

Pour rendre l'amour légitime,
Il faut qu'on se marie.

LUBIN.

            Eh bien !
Marions-nous.

ANNETTE.

    Comment faut-il s'y prendre ?

COLAS.

Que faut-il que je fasse ?
Parlez.

NINETTE.

Il faut m'aimer un peu ;
En rouzissant ze vous en fais l'aveu :
(En regardant à travers les bâtons de son éventail.)
Si vous voulez, votre fortune est faite.

COLAS, *à part.*

Faisons semblant d'aimer cette coquette.

NINETTE, *à part.*

Il balance.

COLAS, *à part.*

Morgué, ça fera de l'éclat.

NINETTE, *à part.*

Je commence à douter de ton amour, ingrat.

COLAS, *à part.*

Je ne veux qu'alarmer Ninette,
Et le dépit me la ramènera.

NINETTE, *à part.*

Voyons jusqu'où la chose ira.
(A Colas.)
Eh bien, consentez-vous à ce que ze propose ?
Donnez-moi votre main.

COLAS.

Oh ! madame, je n'ose...

SCÈNE VIII.

LE BAILLI, LUBIN, ANNETTE,

Dans la cabane.

LUBIN.

Hola ! eh ! monsieur le bailli ?
C'est donc vous, c'est donc vous qui chagrinez Annette,
Et qui lui défendez de m'aimer ?

LE BAILLI.

Est-ce ainsi
Que tu m'oses parler !

LUBIN.

Annette s'inquiète.

(Il regarde Annette, qui lui fait signe de ne point se fâcher.)

Elle pleure... Morgué !.... si je n'étais poli.....

LE BAILLI.

Tu perds cette jeune innocente.

LUBIN.

Moi, je la perds ! oh ! que nenni.
Je saurai la trouver.

NINETTE.

Peux-tu croire que j'endure
Cette injure?

COLAS.

Oh, je t'assure!...
Oui, je te jure....

NINETTE.

Je saurai venger l'injure.

ENSEMBLE.

NINETTE.	COLAS.
J'agirai comme tu fais;	Ma Ninon, faisons la paix;
Je te quitte pour jamais.	Tu ne te plaindras jamais.

NINETTE.

Une dame....

COLAS.

Sur mon ame....

NINETTE.

Vous enflamme!

COLAS.

Sur mon ame....

NINETTE.

La richesse....

COLAS.

Je t'assure....

NINETTE.

Intéresse.

COLAS.

Je te jure....

NINETTE.

Pour elle Colas me laisse!

COMEDIE.

LE BAILLI.

Vous marier ! eh ! que pourriez-vous faire ?
Vous êtes pauvres tous les deux ;
Vous rendriez vos enfans malheureux.

LUBIN.

Eh ! morgué, la nature est une bonne mère ;
Nous avons tous part à ses soins.
Quand on sait travailler, on craint peu la misère :
C'est dans le superflu qu'on trouve les besoins.
Mes enfans, après tout, feront comme leur père.
Regardez-moi, n'ai-je pas profité ;
Et, ne possédant rien, j'ai l'ame satisfaite ;
J'ai du plaisir, de la santé,
Point d'ambition ; j'aime Annette,
J'en suis aimé, voilà le principal.

LE BAILLI.

Mais vous vivez sans lois.

LUBIN.

Tant mieux.

LE BAILLI.

Voilà le mal.

LUBIN.

Voilà le bien.

LE BAILLI.

Les lois vous contrarient.

ACTE III.

(Le Théâtre représente l'appartement du second Acte. Une table et des lumières sont sur le devant.)

SCÈNE PREMIÈRE.

NINETTE, *seule*.

NINETTE.

Tout m'ennuie et m'impatiente,
Depuis que du cœur de Colas
J'ai fait une épreuve imprudente.
Sur les hommes ne comptons pas :
Quand l'occasion se présente,
Les plus constans sont des ingrats.
Colas, cet amoureux, si tendre, si fidèle,
Etait tout prêt à me trahir.
N'écoutons point son repentir ;
Il me ferait encore quelque injure nouvelle :
Je veux, s'il se peut, le haïr.

COMÉDIE.

LE BAILLI.

Non.

LUBIN.

Non?

LE BAILLI.

Non.

LUBIN.

Il faut que je l'assomme,
Pour lui faire entendre raison.

TRIO.

LUBIN.

Ne m'échauffe pas davantage.

LE BAILLI.

Ne raisonne pas davantage.

LUBIN.

Je me sens là, là, là, là, là,
Certaine rage,

LE BAILLI.

Là, là, là.
Point de tapage,
Car si....

LUBIN.

Jarni....

LE BAILLI.

Quoi....

LUBIN.

Moi....

LE BAILLI.

Viens.

SCÈNE II.

FABRICE, NINETTE.

FABRICE.

Madame, ici dans un moment
Le prince arrivera.

NINETTE.

Je m'en fais une fête.
A-t-on fait avertir Colas, confidemment,
Qu'ici je dois parler au prince, tête-à-tête?

FABRICE.

Oui, Madame.

NINETTE.

Il en est....

FABRICE.

Dans un étonnement...

NINETTE.

Je le crois.

FABRICE.

Il court et s'arrête.
Il fait de gros soupirs.

SCÈNE IX.

LE BAILLI, LUBIN, LE SEIGNEUR.

LE SEIGNEUR.

Qu'est-ce donc? vous voilà tous deux bien en colère?

LUBIN.

Ah! pardon, Monseigneur, vous jugerez l'affaire.

LE BAILLI.

Monseigneur....

LE SEIGNEUR.

Permettez qu'il conte ses raisons.
Lubin, voyons ce qui t'agite.

LUBIN.

Monseigneur, j'aime Annette; il veut que je la quitte.
J'aimerais mieux mourir dans les prisons :
Pour nous le monde en serait une,
Si l'on nous séparait tous deux :
Nous ne demandons pour fortune
Que la permission d'être toujours heureux.

LE SEIGNEUR.

Monsieur Lubin, il faut l'être avec bienséance :
Mon devoir est de réprimer
Les désordres et la licence.

Aucun souci, quand je sommeille,
Aucun chagrin ne me réveille;
En cessant de dormir,
J'ouvre mes yeux au jour et mon ame au plaisir.

Assise sur les bords
D'une onde pure,
Qui lentement murmure;
Je sens, quand je m'endors
Un doux zéphire
Qui sur mon sein soupire;
Il voltige et soupire.
Dans notre asile,
Quand mon sort tranquille
D'un repos facile,
M'a fait jouir,
J'ouvre mes yeux au jour, et mon ame au plaisir.

SCÈNE IV.

ÉMILIE, NINETTE.

ÉMILIE.

Dans cet appartement, je vous retrouve encor?....

NINETTE.

S'il ne tenait qu'à moi de prendre mon essor,
Je serais bien loin, je vous jure.
Quel pays! quel cahos! oh! le bon sens murmure
De tout ce qui s'offre à mes yeux.
On ne s'occupe dans ces lieux
Qu'à contrarier la nature.

Les enfans qui te devraient l'être,
Te renieraient pour père....

LUBIN.

Oh! je n'en ai point peur:
Les vôtres vous ont bien reconnu pour le leur.
Viens, ma chère Annette, hâte-toi de paraître;
Tu sauras mieux que moi fléchir un si bon maître.

SCÈNE X.

LES ACTEURS PRÉCÉDENS, ANNETTE.

ANNETTE, *approchant lentement, la tête baissée.*

AIR.

Laisse-moi.

LUBIN.

Mais pourquoi?

ANNETTE.

Non, non.

LUBIN.

Ma petite, que crains-tu donc?
Monseigneur est sensible et bon:
Il t'aimera,
Nous mariera.

ANNETTE.

Oui-dà!

Où la gaité n'est que grimace,
Où le plaisir n'est que du bruit.

ÉMILIE.

C'est parler juste, et mon cœur vous approuve.
Fuyez donc un séjour si contraire à vos mœurs,
Fuyez un séjour où l'on trouve
Tant de vices cachés sous des dehors flatteurs.
Ah! que ne puis-je aussi, loin des grandeurs,
Me promener sur vos rives fleuries,
Respirer le plaisir sur l'émail des prairies!...
Mais le sort pour vous seule a gardé ses faveurs.

NINETTE.

A votre tour vous parlez à merveille.
Je vois encor qu'ici l'on ne conseille
Que selon son propre intérêt.
Obligeamment, vous voulez dire
Que ma présence vous déplaît;
Mais avant que je me retire,
Je dois parler au prince: oh! vous allez bien rire.

ÉMILIE.

Comment?

NINETTE.

Il vous adore.

ÉMILIE.

Hé bien....

COMÉDIE.

    Le besoin, l'habitude,
    Parvint à nous unir;
    Et notre unique étude
    Fut de nous secourir :
    Quel sort était le nôtre!
    Nous sûmes l'adoucir :
    Nous nous aidons l'un l'autre,
    Sauf votre bon plaisir.

LE BAILLI.

La terre, sous vos pas, ne s'est pas entr'ouverte !....

ANNETTE.

Au contraire, les fleurs semblaient se caresser.

LE BAILLI.

Le soleil à l'instant aurait dû s'éclipser :
Malheureux! vous courez tous deux à votre perte.

DUO.

ANNETTE, LUBIN.

    Lorsqu'Annette est avec Lubin,
    Il fait le plus beau temps du monde.
Quand je $\begin{cases} \text{le} \\ \text{la} \end{cases}$ vois, il tonne en vain,
    Les vents ont beau soulever l'onde.
Quand ses yeux sont contens, je crois le ciel serein,
Et je n'entends jamais le tonnerre qui gronde.

LE SEIGNEUR, *s'enflammant pour Annette.*

Quelle ingénuité! je la trouve charmante :
    En honneur, elle est ravissante.

Et dans soi-même il porte jour et nuit
Le danger qu'il fuit,
Un seul regard
Le moindre égard
Sans peine le séduit ;
Et sur-le-champ
Un doux penchant,
Au piége le conduit.
Un tendre cœur
Ne peut trop s'alarmer,
Quand de rigueur
Il ne sait point s'armer.
Pour moi je n'ai point peur
Des ruses d'un trompeur ;
D'une fille de bien,
L'honneur est toujours le soutien,
Le gardien ;
Mais fillette volage
Comme un oiseau sauvage,
Malgré les soins qu'on en prendra,
Bientôt s'échappera ;
Aucun devoir,
Aucun pouvoir,
Quand le moment viendra,
Aucun devoir,
Aucun pouvoir
Ne la retiendra ;
Non, non, non, non.
L'oiseau s'envolera,
Et la raison
En vain l'appellera ;
L'oiseau s'envolera.

Quelqu'un s'approche, éloignons-nous,
J'ai bien autre chose à vous dire.

ÉMILIE.

Est-il un plus cruel martyre !

NINETTE.

Venez, mais contraignez votre dépit jaloux.

LE BAILLI, *à Lubin.*

Tout beau !

(Au seigneur.)

Oui, Monseigneur, usez de votre privilége.

LUBIN.

Monseigneur....

ANNETTE.

Ah ! Lubin.....

LE SEIGNEUR.

Je fais tout pour le mieux.
Tu peux lui faire tes adieux.
C'en est assez : finissons, qu'on l'emmène.

ANNETTE.

Lubin ! Lubin !

LUBIN.

Annette, ah ! quelle peine !

(Les gens du Seigneur enlèvent Annette.)

SCÈNE XI.

LE SEIGNEUR, LE BAILLI, LUBIN.

LUBIN.

Qu'on m'enferme avec elle.

LE BAILLI.

Arrête.

Oui, je t'appellerai traîtresse, indigne, ingrate;
Et puis j'irai me pendre, et puis après....
Tu ne me reverras jamais.
Elle vient, ah! serait-elle coupable?
Avant de faire aucun éclat,
Cachons-nous là-dessous. Comme le cœur me bât!
(*Il se cache sous la table.*)

SCENE VI.

COLAS, NINETTE.

NINETTE.

Colas s'est mis sous cette table;
Il va savoir bientôt de quoi je suis capable.
Voici le prince.

COLAS, *sous la table.*

Ah! je suis mort.
Pour séduire son cœur, on a jeté queu' qu'sort;
Car c'est ici le pays des magies.
Écoutons sans faire de bruit.
(*Ninette éteint les lumières.*)

Et le juge municipal ;
De plus, greffier de votre tribunal ;
Comme greffier, je me saisis d'Annette :
C'est une preuve du délit.
Que Monseigneur me la remette ;
Je la confisque à mon profit.

LE SEIGNEUR.

Vous allez sur mes droits !...

LE BAILLI, *faisant des révérences.*

Ah ! Monseigneur, si j'ose....

LE SEIGNEUR.

Eh bien ?

LE BAILLI.

Je dois vous dire encor....

LE SEIGNEUR.

Plaît-il ?

LE BAILLI.

Pardon, si je propose.

LE SEIGNEUR.

Parlez.

LE BAILLI.

Annette est un trésor.

LE SEIGNEUR.

Je le sais.

LE BAILLI.

Je voudrais en faire....

ASTOLPHE.

Vous me le demandez? Ninette, je soupire:
C'est vous dire où tendent mes vœux.
Vous vous plaisez à causer mon martyre.

NINETTE.

Non, je voudrais vous voir heureux :
Il ne tiendrait qu'à vous.

ASTOLPHE.

Qu'à moi ! que faut-il faire?

NINETTE.

Attendez un moment.

(Ninette s'éloigne doucement, et quitte la scène.)

SCÈNE VIII.

ASTOLPHE, COLAS.

ASTOLPHE.

Hé bien, pourquoi vous taire?
Vous me quittez ! Trompez-vous mon espoir?
Où donc êtes-vous?

SCÈNE XIII.

LE BAILLI, LE SEIGNEUR, UN DOMESTIQUE.

LE DOMESTIQUE.

Air : *La p'tit' poste de Paris.*

Ah ! Monseigneur, ah ! Monseigneur,
Tout est chez vous dans la rumeur.
Il faut qu'on sonne le tocsin,
Et sur Annette et sur Lubin :
Il faut écrire en tout pays,
Par la p'tit' poste de Paris.

Lubin d'un saut franchit le mur,
Tombe sur nous, frappe à coup sûr :
Deux de vos gens sont édentés,
Trois de vos chiens sont éreintés,
Votre Suisse a le nez cassé,
Et moi le dos tout fracassé.

LE SEIGNEUR.

Comment ! avec Lubin, Annette a pris la fuite ?

LE DOMESTIQUE.

Oui, Monseigneur.

LE BAILLI.

Quel attentat nouveau !

LE SEIGNEUR.

Je vais donner mes ordres au château.
Bailli, vous et mes gens, mettez-vous à la suite.

NINETTE.

Ah! vous l'avez trouvé ce cœur.

ASTOLPHE.

Je l'ai trouvé !
Enfin, de quelque espoir vous flattez ma tendresse !
Vous approuvez mes feux ?

COLAS, *bas sous la table.*

Ah! perfide! ah! traîtresse!

ASTOLPHE.

Oui, j'en crois ce soupir : ce prix m'était bien dû.

COLAS, *à part.*

Oh! c'en est fait, je suis... je suis perdu.

ASTOLPHE.

Mais nous devons ménager la princesse :
Je ne vous cache point qu'elle sait m'attendrir;
Je l'aime, je la plains, son état m'intéresse.
O Dieux! je vous entends gémir !
Je sens tomber vos pleurs.

COLAS, *sortant de dessous la table.*

J'allons faire vacarme.

ASTOLPHE.

Si la princesse vous alarme,
Je vous promets... Pourquoi retirer votre main?

SCÈNE XVI, et dernière.

LES ACTEURS PRÉCÉDENS, LES GENS DU SEIGNEUR, PAYSANS ET PAYSANNES.

LE SEIGNEUR.

Arrête !

LUBIN, *laissant tomber son bâton.*

Ah ! Monseigneur, votre seule présence
Rappelle mon devoir et mon obéissance.
Ah ! disposez, disposez de mon sort ;
J'attends de vous ou la vie ou la mort.

ANNETTE.

ARIETTE.

Air : *Vous, Amans, que j'intéresse.*

Monseigneur, voyez mes larmes,
Je succombe à mes alarmes.
Monseigneur, voyez mes larmes,
Ah ! laissez-vous attendrir.
A ses yeux si j'ai des charmes,
Est-ce lui qu'il faut punir ?
Annette aima la première.

LUBIN.

Non ; c'est moi, c'est moi, ma chère.

ÉMILIE, à *Astolphe*.

Je dois vous épargner....

ASTOLPHE.

Demeurez, Émilie.
Nos cœurs ne sont point faits pour être séparés :
En rendant la lumière à mes sens égarés,
Ninette, il est vrai, m'humilie ;
J'aurais plus à rougir de ne pas l'imiter.
Son exemple doit m'exciter :
Que dès ce jour l'hymen nous lie,
Si mes feux rallumés sont dignes de retour.

ÉMILIE.

L'amour doit excuser les erreurs de l'amour.

NINETTE, *au prince*.

Ninette peut partir ?

COLAS.

Partons en diligence.

ASTOLPHE.

Mais je dois la récompenser.

NINETTE.

Vous pouvez vous en dispenser ;
De Colas seul j'attends ma récompense.

COLAS.

Tu peux bien y compter.

Il dit, je ne sais pas pourquoi,
Qu'elle aura des enfans dont je serai le père,
Et qu'ils reprocheront leur naissance à nous deux.

ANNETTE.

Hélas ! ils viendraient donc ces enfans malheureux
　　Reprocher leurs jours à leur mère,
Quand je n'y serai plus !... De mes chagrins cuisans
Je me consolerai, s'ils ont la subsistance.
Je mourrais volontiers, quand ces pauvres enfans
　　N'auraient plus besoin d'assistance.

LE BAILLI, *au seigneur.*

Mais imposez-leur donc silence.

LE SEIGNEUR, *à part.*

Avec trouble je les entends.

LUBIN.

Je conviens de mon tort : mais je vous le répète,
　　Monseigneur, prenez soin d'Annette :
S'il faut me séparer d'Annette, absolument,
Recevez-moi soldat dans votre régiment.
Pour vous avec plaisir j'exposerai ma vie ;
Je ne veux rien de plus : Annette m'est ravie !
　　Quand il fallait applanir des chemins,
　　　　Piocher, bêcher, et faire des levées,
　　　　Enclore vos parcs, vos jardins,
On me voyait toujours le premier aux corvées :
C'était par amitié plutôt que par devoir.
　　Je ne veux pas m'en prévaloir ;

NINETTE, à *Colas.*

Colas, je te prouve
Mon ardeur,
Et je retrouve
Mon bonheur,
Tout mon bonheur.

ASTOLPHE, à *Émilie.*

Ce jour me prouve
Votre ardeur,
Et je retrouve
Mon bonheur,
Tout mon bonheur.

COLAS, à *Ninette.*

Ma Ninette, que je t'aime !

ÉMILIE, à *Astolphe.*

Ah ! pour moi quel bien suprême !

NINETTE, à *Colas.*

J'en crois tes yeux,
Où l'Amour peint ses feux.
Mon cœur est transporté,
Mon cœur est enchanté ;
Eh ! vive la gaîté.

ASTOLPHE, à *Émilie.*

J'en crois ces yeux,
Où l'Amour peint ses feux.
Mon cœur est transporté,
Mon cœur est enchanté
De sa félicité.

COLAS, à *Ninette.*

Que je t'aime !
Ma Ninette, que je t'aime !

ÉMILIE, à *Astolphe.*

Je vous aime :
C'est pour moi le bien suprême.

NINETTE, à *Colas.*

Aime-moi toujours de même.
Tu ne doutes plus de moi :
Puis-je aussi compter sur ta foi ?

COLAS.

Tout de même.

ÉMILIE, à *Astolphe.*

Aimez de même.

ASTOLPHE.

Ne doutez plus de mes feux ;
Rien ne peut briser nos nœuds.

Vous pourrez-vous aimer sans crime.
Oui, mes enfans, vous allez obtenir
Ce qui rendra votre amour légitime.

LUBIN, ANNETTE.

Ah! Monseigneur.

ANNETTE.

Si nos cœurs...

LUBIN.

Si nos vœux...

LE SEIGNEUR.

Laissez-moi, laissez-moi; votre reconnaissance,
Si j'ai fait envers vous un acte généreux,
M'en ôterait la récompense.
Celui qui donne est plus heureux
Que celui qui reçoit.

ANNETTE, *attendrie*.

Je sens couler mes larmes.

LUBIN.

Le bon Seigneur!

LE BAILLI.

J'enrage!...

LE SEIGNEUR, *à part, regardant Annette*.

Ah! qu'Annette a de charmes!
Allons, embrassez-vous; j'aurai soin de vous deux.
Du vrai bonheur voilà l'image;
Ils jouissent de tout en vivant simplement :
Gens de Cour, venez au village,
Pour connaître le sentiment.

(*On danse.*)

SCÈNE XI, et dernière.

COLAS, NINETTE.

COLAS.

Ninon, le prince est bon et sage ;
Mais évitons son voisinage.
Tian, c'est comme le feu qui nous sart et nous nuit :
Il échauffe de loin, de trop près il détruit.

ARIETTE.

Je sens par là, morguène,
Au fond de ma poitreine ;
Je sens par là, morguène,
Je sens mon cœur qui s' promène.
Après bian de la peine,
Enfin j' nous marirons ;
Ninette, que j' rirons :
Oh ! queu plaisir je sens d'avance !
Lorsque j'y pense,
Jarni ! mon ame danse.
Quelle heureuse chance !
Mon cœur,
Lorsque j'y pense,
Mon cœur fait toc, toc, toc, toc, toc ; l'attente
Du bonheur
Augmente,
Augmente mon ardeur.
Ah ! ah ! quand j' vois ta meine,
Je sens,
Par là, morguène,
Je sens
Certains désirs pressans....

COMÉDIE.

LUBIN.

Belles qui, par l'imposture,
Croyez orner vos attraits;
Voyez ce teint vif et frais :
Votre art vaut-il la nature ?

Annette, etc.

ANNETTE.

L'esprit et le beau langage
Rendent mal le sentiment :
Un regard de mon Amant
Exprime bien davantage.

Annette, etc.

(*On danse.*)

(*Les filles du village donnent des rubans à Lubin,
les garçons un bouquet à Annette.*)

RONDE.

LE SEIGNEUR.

Lubin aime sa bergère :
L'amour seul borne ses vœux.
Sur un trône de fougère,
Le bonheur est avec eux.
Des grandeurs ils sont au faîte,
Dans leurs innocens ébats :
Ah !
Il n'est point de fête,
Quand le cœur n'en est pas.

LE BAILLI.

En dépit de ma tendresse,
A jamais ils s'aimeront :
Ces plaisirs, cette alégresse
Pour mes feux sont un affront.

LE CAPRICE AMOUREUX.

DIVERTISSEMENT.

(*Le Théâtre représente une magnifique salle de bal, ornée de buffets, de torchères et de girandoles.*)

ASTOLPHE et ÉMILIE *paraissent dans le fond, sur une estrade; les courtisans, sous différens habits de caractère, sont rangés des deux côtés.*

On exécute plusieurs entrées; des Paysans viennent s'y mêler.

NINETTE *et* COLAS *reparaissent dans leurs habits de village, et* NINETTE *coupe le Divertissement par l'ariette qui suit.*

NINETTE.

La Cour n'est qu'un esclavage;
L'avantage
Du village,
C'est de vivre en liberté;
L'avantage
Du village,
C'est de suivre la gaîté.

COMÉDIE.

L'Amour d'un air de conquête,
Sourit en disant tout bas :
  Ah !
 Il n'est point de fête,
Quand l'berceau n'en est pas.

De Plutus un vieux satrape
A Colette donne un bal ;
En secret elle s'échappe,
Quand Lucas fait un signal :
Tous deux s'en vont tête-à-tête,
Sautant et chantant tout bas :
  Ah !
 Il n'est point de fête,
Quand le cœur n'en est pas.

  LUBIN, *au public.*

Lubin à son mariage
Vous invite sans façon.

  ANNETTE.

Venez voir notre ménage,
Comme ami de la maison :
Pour nous quel bonheur s'apprête,
Si de nous vous faites cas !
  Ah !
 Il n'est point de fête,
Quand vous n'en êtes pas.

   FIN.

Allons gai, Colas, donne-moi le bras ;
A présent je n'ai rien qui me pèse,
A présent je me sens à mon aise :
    Évitons l'embarras,
    Le tracas,
    Le fracas ;
    Suis mes pas,
    Mon cher Colas ;
Ta, la, la, donne-moi le bras ;
Viens-nous-en, mon ami Colas.

BALLET GÉNÉRAL.

FIN.

PARODIE
D'ANNETTE
ET LUBIN.

A MADAME FAVART.

Quand, pour célébrer ses talens,
Je veux former quelques accens,
D'Apollon j'implore un regard :
    Peine inutile ;
    Il n'est facile
    Que pour FAVART.

Que le théâtre a peu d'appas,
Lorsque FAVART n'y paraît pas !
L'on s'enfuit, ou l'on y vient tard ;
    L'on ne s'empresse,
    Il n'est de presse
    Que pour FAVART.

PAR MADEMOISELLE COSSON.

PARODIE D'ANNETTE ET LUBIN.

SCÈNE PREMIÈRE.

LE SEIGNEUR, *seul.*

(*Il poursuit un lièvre, ajuste son fusil, et le tire.*)

Ah ! chien de fusil ! voilà le lièvre échappé ; j'ai manqué mon coup.

SCÈNE II.

LE SEIGNEUR, LE BAILLI.

LE BAILLI.

Cela vous arrive quelquefois, à vous autres Seigneurs ; Lubin ne manque pas le sien.

LE SEIGNEUR.

Que veux-tu dire ?

ACTEURS.

LE SEIGNEUR.
LE BAILLI.
LUBIN.
ANNETTE.
UN DOMESTIQUE du château.

(Le Théâtre représente une campagne ; on voit un bois d'un côté, et de l'autre un côteau. Sur le devant du Théâtre il y a une cabane de verdure à moitié faite.)

LE BAILLI.

Et mais non.... c'est que Lubin est amoureux d'Annette.

LE SEIGNEUR.

Qu'est-ce qu'Annette ?

LE BAILLI.

AIR : *Toujours prête à faire le saut.*

    Un peu brune de nature,
    Mais la peau comme un satin,
    Annette est d'une figure
    Qui met tout le monde en train :
        Du reste
        Fort modeste,
    Mais le regard chaud;
    Grassouillette, mais légère;
        Toujours prête à faire
          Lan lairé,
        Toujours prête à faire
          Le saut.

    Petit nez de friandise;
    Dents blanches, joli chignon
    Excitent la gourmandise;
    Mais surtout un pied mignon;
        Pour plaire,
        Satisfaire,
    Elle a ce qu'il faut.
    On est pour cette bergère
        Toujours prêt à faire
          Lan lairé,
        Toujours prêt à faire
          Le saut.

LE SEIGNEUR.

Mais quel rapport tout cela a-t-il avec ma chasse ? Tenez, avec votre verbiage, savez-vous bien que

LE BAILLI.

C'est un rapt...

LE SEIGNEUR.

J'entends vers le bois.....

LE BAILLI.

Vous êtes seigneur du village,
Vous devez maintenir les lois.

LE SEIGNEUR.

Finissez votre verbiage.

LE BAILLI.

Lubin....

LE SEIGNEUR.

Le cerf....?

LE BAILLI.

Annette...?

LE SEIGNEUR.

Mon piqueur...

LE BAILLI.

Monseigneur, Monseigneur.

LE SEIGNEUR.

Finissez votre verbiage,
De ce côté j'entends le cor.

LE BAILLI.

Monseigneur, demeurez encor.

ENSEMBLE.

LE SEIGNEUR.	LE BAILLI.
J'entends le cor.	Restez encor.

SCÈNE III.

ANNETTE, seule.

Air : *Prends, ma Philis.*

Qu'elle est belle, ma cabane !
Ce trésor nous est commun :
Annette, Lubin, notre âne,
Tous trois nous ne faisons qu'un.
Nous avons notre innocence ;
Fi des biens, de l'opulence,
Nous n'en désirons aucun.
Qu'elle est belle, etc.

Ce qui me plaît davantage,
C'est ce lit de verd feuillage
Que j'ai dressé de ma main :
De noix, de pain bis, d'eau claire,
Nous allons faire un festin.
Ai-je tout mon nécessaire ?
Non..... je n'y vois point Lubin.
Qu'elle est belle, etc.

Mais je suis ici toute seule.

Air : *Fanchon est bien malade.*

Annette, pauvre Annette,
Ton ami ne vient pas ;
Son retard m'inquiète :
C'est l'heure du repas.
Ici j'ai de la crême,
Son absence l'aigrit :
Sans lui c'est un carême :
Hâte-toi, mon petit,
  J'ai grand appétit.

vous êtes l'homme le plus bête qui soit dans mes terres, à un demi-quart de lieue à la ronde ?

LE BAILLI.

Ah ! Monseigneur, en comparaison de vous, je n'ose pas prétendre....

LE SEIGNEUR.

Taisez-vous, taisez-vous : pendant que je vous parle, mon lièvre court toujours.

LE BAILLI.

Tenez, tenez, voilà.....

LE SEIGNEUR.

Quoi donc ? mon lièvre ?

LE BAILLI.

Non, non, c'est Annette.

LE SEIGNEUR.

Suivez-moi, monsieur le Bailli ; vous me conterez tout cela en chemin.

SCÈNE IV.

LUBIN, ANNETTE.

LUBIN, *sur son âne, au fond du théâtre.*

AIR : *Ahi ! ahi ! ahi ! Jeannette.*

Marguerite, au gros Colas,
Sur le chemin de Gonesse,
Voyant qu'il était bien las,
Lui disait avec tendresse :
Aye, aye ! chien d'animal, grand paresseux.

ANNETTE. *(On entend braire l'âne.)*

Pour le coup le voilà.

LUBIN *chante.*

Voyant qu'il était bien las,
Lui disait avec tendresse :
C'est toi, ma chère Annette ?

(Il descend de son âne.)

Ah ! le maudit bât ! je suis tout éreinté.

ANNETTE.

Te voilà dans un bel état ; pourquoi aussi venir si vite ?

LUBIN.

AIR *ci-dessus.*

On se fatigue en allant,
Au retour on reprend haleine :
Cela n'est pas étonnant ;
Bon cheval sent son avène ;
Aye, aye ! à l'écurie.

(*Il chasse l'âne du théâtre.*)

ANNETTE, *à part.*

Qu'il est drôle, mon Lubin ! qu'il dit d'agréables choses !

LUBIN.

Ah ! ah ! la charmante cabane !

ANNETTE.

C'est moi qui l'ai faite pour toi. Vois cet épais feuillage, vois ce banc de gazon : ah ! je songe au principal.

LUBIN.

Un si joli réduit ferait envie au Roi.

AIR : *Je ne sais pas écrire.*

Les grands ont des appartemens
Bien beaux, bien vastes, bien brillans ;
Ils n'ont rien qui me plaise :
Pour logement je n'ai qu'un trou ;
Et je trouve encor, mon bijou,
Que j'y suis fort à l'aise.

ANNETTE.

Tu as bien raison, Lubin ; mais ce qu'il y a de meilleur, c'est que nous nous divertissons mieux que tous ces gens de la ville.

PARODIE

Air du Bon Branle.

Pour s'amuser ils font grand bruit,
Chez eux tout est en branle ;
Mais plus heureux dans ce réduit,
C'est la gaîté qui nous conduit,
Quand nous dansons un branle.

LUBIN.

Nous danserions toute la nuit.

ANNETTE.

Et voilà le bon braille.

Mais nous danserons tantôt : dînons, j'ai tout préparé ; c'est moi qui dois avoir soin du ménage.

LUBIN.

Oh ! tiens, tiens, je t'apporte bien des choses de la ville.

(*Il tire de sa poche des biscuits, des confitures.*)

ANNETTE.

Tant mieux, tant mieux : j'ai beau manger, quand je suis avec toi, je reste toujours sur mon appétit.

LUBIN.

Et puis, tiens, voilà du vin.

ANNETTE.

Qu'est-ce qui t'a donné tout cela ?

LUBIN.

Des dames de la ville, vraiment ; mais va, elles me l'ont bien fait gagner : j'ai travaillé comme un diable.

Air : *Je suis un bon Jardinier.*

Chacun est cultivateur,
Aujourd'hui c'est la fureur ;
Les femmes, surtout,
Ont pris un grand goût
A notre labourage ;
Et pour en mieux venir à bout,
On m'a mis à l'ouvrage,
Lon la,
On m'a mis à l'ouvrage.

De moi l'une veut savoir
Quel est le nouveau semoir ;
L'autre veut avoir
Un bon arrosoir
Pour pommer la laitue ;
Et d'une autre avec un racloir
Je sarcle l'avenue,
Lon la,
Je sarcle l'avenue.

Pour défricher leur terrain,
Des nones m'offraient gros gain,
Chauffage, cheval,
Bon vin, bon régal,
Logement de concierge ;
Mais, ma foi, l'on a trop de mal
Dans une terre vierge,
Lon la,
Dans une terre vierge.

L'une veut avant le temps
Jouir des fleurs du printemps ;
L'autre veut de tout :
J'étais à leur goût ;
Mais je ne suis pas Claude :
Chacune me poussait à bout
Avec sa serre chaude,
Lon la,
Avec sa serre chaude.

Ah ! par ma foi, je les ai bien envoyées promener.

PARODIE

ANNETTE.

Je ne veux plus que tu ailles à la ville.

LUBIN.

Allons, allons, buvons.

(*Il lui verse du vin ; on entend braire l'âne.*)

Entends-tu les oiseaux, Annette ? leur ramage, pendant notre dîner, semble se rapprocher.

ANNETTE.

Nous ne sommes pas faits pour les effaroucher ; nous nous aimons, nous parlons leur langage.

(*L'âne recommence à braire.*)

LUBIN.

Mais ta voix, cependant, me flatte davantage : encore un coup, ma chère Annette.

ANNETTE.

C'est assez, la tête me tourne, dansons.

LUBIN *chante une ronde.*

Ma commère Jeanne
Veut avoir un âne.
Commère, achetez le mien ;
Il est, je vous jure,
De belle encolure.
L'encolure n'y fait rien,
Pour aller au moulin :
Trique, trique, trique, train ;
Et boute, et aye, et ut, et prout,
Ce n'est point là l'âne
Qui convient à Jeanne.

La commère Jeanne
Veut avoir un âne.
Commère, achetez le mien ;
Car il est ingambe,
Il a fine jambe.
Oh ! la jambe n'y fait rien
Pour aller au moulin :
Trique, trique, trique, train ;
Et boute, et aye, et ut, et prout,
Ce n'est point là l'âne
Qui convient à Jeanne.

La commère Jeanne
Veut avoir un âne.
Commère, achetez le mien :
Il a des oreilles
Qui font des merveilles.
Les oreilles n'y font rien,
Pour aller au moulin :
Trique, trique, trique, train ;
Et boute, et aye, et ut, et prout,
Ce n'est point là l'âne
Qui convient à Jeanne.

La commère Jeanne
Veut avoir un âne.
Commère, achetez le mien :
Sa queue est charmante,
Sa croupe agissante.
Compère, je le retien
Pour aller au moulin :
Trique, trique, trique, train ;
Et boute, et aye, et ut, et prout,
Voilà, voilà l'âne
Qui convient à Jeanne.

LUBIN.

A propos d'âne, je songe que je n'ai pas attaché le nôtre : il est peut-être à brouter nos choux ; j'y vais voir.

SCÈNE V.

ANNETTE, LE BAILLI.

LE BAILLI, *à part.*

La voilà : faisons-lui subir l'interrogatoire adroitement. (*Haut.*) Ah ! bon jour, Annette ; que faites-vous donc là toute seule ?

ANNETTE.

J'attends Lubin.

LE BAILLI.

Pourquoi ?

ANNETTE.

Pour me faire plaisir.

LE BAILLI.

Pour vous faire plaisir ! ah ! ah ! voilà répondre, cela. Je vois qu'il ne faut pas vous serrer les genoux pour vous faire jaser. Eh ! eh ! Lubin vous fait plaisir ?

Air : *Quoi ! ma vousine es-tu fâchée ?*

Pour lui votre mouchoir s'entrouvre ?

ANNETTE.

Aut' chose itou.

LE BAILLI.

A lui votre cœur se découvre ?

D'ANNETTE ET LUBIN.

ANNETTE.

Aut' chose itou.

LE BAILLI.

Il baise votre main blanchette?

ANNETTE.

Aut' chose itou.

LE BAILLI.

Il lève votre collerette?

ANNETTE.

Aut' chose itou.

On n'a rien de caché pour ses amis.

LE BAILLI, à part.

Bonne affaire : procès-verbal ! procès-verbal !...
Haut.)

AIR : *Ah! vous en venez.*

En effet, vous voilà bien ronde.....

ANNETTE.

C'est ce que me dit tout le monde.

LE BAILLI.

Vos appas sont bien façonnés,
Vous en tenez,
Vous en tenez :
Ah ! je vois bien que vous en tenez.

ANNETTE.

Eh ! de quoi donc, monsieur le bailli ?

LE BAILLI.

De l'amour.

PARODIE

ANNETTE.

AIR : *Entre l'amour et la raison.*

De l'amour ! Qu'est-ce que cela ?

LE BAILLI.

Vous l'ignorez ?

ANNETTE.

Et mais, oui-dà.

LE BAILLI.

Voyez quelle innocente fille !
Avec ce petit air tout neuf ;
Vous voilà ronde comme un œuf:
Le poulet est dans la coquille.

ANNETTE.

Oui, monsieur le bailli, cela est vrai, notre poule a couvé.

LE BAILLI.

Et vous êtes la poule, je le vois bien. Eh ! eh !

AIR : *Le seul flageolet de Colin.*

Mais avec les hommes doit-on
Vivre, quand on est fille ?

ANNETTE.

Lubin n'est point un homme.

LE BAILLI.

Quoi donc ?

ANNETTE.

C'est un garçon bon drille ;
De plus, c'est mon cousin.

LE BAILLI.

Oui-dà...

ANNETTE.

A tort l'on en babille :
Notre bien, par ce moyen-là,
Reste dans la famille.

LE BAILLI.

Fort bien, fort bien.

ANNETTE.

Enfin, monsieur le bailli, que voulez-vous dire ?

LE BAILLI.

Air : *Je ne sais pas écrire.*

Lubin a pris votre bouquet.

ANNETTE.

Cela n'est pas vrai, monsieur le bailli ; il ne me le prend pas, car je lui donne toujours.

LE BAILLI *chante.*

Au fromage est allé le minet.

ANNETTE.

Nous n'avons point de chat chez nous, monsieur le bailli.

LE BAILLI *chante.*

C'est un chasseur qui tire.

ANNETTE.

Oh ! non, monsieur le bailli, Lubin ne chasse jamais : le seigneur l'a défendu.

LE BAILLI *chante.*

Dans la cage le sansonnet....

ANNETTE.

Nous lui avons donné la volée, depuis qu'il a la patte cassée.

LE BAILLI *chante.*

Vous êtes grosse, à parler net.
Faut-il donc tout vous dire ?

PARODIE

ANNETTE.

Vraiment oui, je suis grosse et grande comme père et mère.

LE BAILLI.

Et oui, oui, mère.

Air : *Est-ce que ça se demande ?*

Bientôt Annette le sera.

ANNETTE.

Je demeure interdite.

LE BAILLI.

Bien cher il vous en coûtera,
Et vous serez maudite.

ANNETTE.

Maudite ! Que dites-vous là ?
Mon innocence est grande.
Moi, mère ? Comment donc cela ?

LE BAILLI.

Est-ce que ça se demande ?

ANNETTE.

Mais, monsieur le bailli Cassandre, est-ce qu'il y a du mal à être mère ?

LE BAILLI.

Non, lorsque les notaires y ont passé; et comme je suis tabellion, je dois entrer pour beaucoup dans cet arrangement-là. Tenez, Annette, parlons amicalement, je passerai avec vous sur bien des petites choses, et je trouverai le moyen de rajuster la petite sottise que vous avez faite.

AIR : *Que j'estime mon cher voisin!*

Le mariage est le secret
   D'en réparer la honte.
Épousez-moi : je suis discret;
   Je prends tout sur mon compte.

(*A part.*) Diable, cela me fera honneur : on s'est toujours moqué de moi parce que je n'avais pas d'enfans. Voilà une bonne occasion. (*Haut.*) Allons, vous serez ma femme.

ANNETTE.

Très-volontiers, feu monsieur Cassandre, pourvu que je ne vous voie jamais.

LE BAILLI.

Tu me refuses ; je suis dans une colère de fureur.... Tiens, je t'épouserai.... malgré toi, à ta barbe, et je ferai le diable !.....

ANNETTE.

Vous me faites peur, monsieur le bailli : aurez-vous des cornes ?

LE BAILLI.

Des cornes, des dents, des griffes, des ongles ; et je te tourmenterai en manière de revenant.

ANNETTE.

Ah ! monsieur le bailli, moi qui ai déjà si peur des esprits, il faudra donc que je fasse coucher Lubin avec moi.

PARODIE

LE BAILLI.

Air : *La Furstemberg.*

Lubin, malgré ses promesses,
Te ra, ra, ba, ba, ba, tra tra, rabatra,
Te rabattra ses caresses,
Et puis il te plantera là.
Des enfans en fourmillière,
A côté, devant, derrière,
Te tirailleront,
Chamailleront,
Tous ensemble ils criailleront :
Ah! maman,
Nanan,
Pipi, caca,
Joujou, dada,
Bobo, dodo;
Alors tu seras la première
A me demander
De t'accorder
Un peu de bien ;
Mais je n'en ferai rien.

ANNETTE.

Ah! j'en suis bien persuadée à votre air, monsieur Cassandre. (*A part.*) Cependant il me fait trembler jusqu'à la pointe des cheveux, de tout mon corps.

SCÈNE VI.

ANNETTE, seule.

A<small>IR</small>: *Sans le savoir.*

Moi si simplette et si naïve,
Voyez un peu ce qui m'arrive !
Combien d'enfans je vais avoir !
Je ne me baisse, ni ne hausse,
Ah ! Lubin, qui l'eût pu prévoir ?
Quoi ! tout d'un coup me voilà grosse
Sans le savoir.

SCÈNE VII.

ANNETTE, LUBIN.

LUBIN.

Annette, nos choux ne sont point en danger...
Mais qu'as-tu donc ?

ANNETTE.

C'est ce bailli qui m'a dit.... qui m'a dit...

LUBIN.

Quoi ?

ANNETTE.

Que je suis comme un œuf.

PARODIE

LUBIN.

Un œuf à la coque ?

ANNETTE.

Que le poulet est dans la coquille.

LUBIN.

Tant mieux, nous aurons des petits poussins.

ANNETTE.

Ça veut dire que je suis..... que je suis....

LUBIN.

Eh bien, quoi ?

ANNETTE.

Que je suis grosse.

LUBIN.

C'est signe que tu te portes bien ; je suis gros aussi, moi.

ANNETTE.

Que j'aurai des enfans beaucoup, tout plein.

LUBIN.

Tant mieux, nous aurons bonne compagnie.

ANNETTE.

Oui, mais il dit qu'après tout ça, tu me planteras là.

LUBIN.

Qu'est-ce que tout ça veut dire ? Va, je ne te ferai jamais plus de mal que je ne t'en ai fait.

Air: *Où le mettrons-nous, ma commère ?*

J'ai pour toi si grande amitié !

ANNETTE.

Hélas ! j'en suis bien de moitié ;
Mais il dit que s't'amitié là
N'est que de l'amour.

LUBIN.

De l'amour ? Ah ! ah !

ANNETTE.

Et que ça s'passe,
S'passe, s'passe,
Et que ça s'passe, s'passera.

Voilà ce qui fait justement le désespoir de ma douleur. Je suis bien malheureuse.

LUBIN.

Air : *La confession.*

Chère Annette, cesse de te plaindre,
Cesse de tant geindre.

ANNETTE.

Tu me l'as donc fait
Cet amour que je dois tant craindre ?
Tu me l'as donc fait :
Hélas ! quel en sera l'effet ?

LUBIN.

Amour, amitié, qu'importe. Est-ce que nous savons la signification des mots, nous autres ?

ANNETTE.

En effet, quel mal avons-nous fait ?

PARODIE

LUBIN.

Air : Eh! mais oui-dà.

On joue la clémusette
En revenant des champs,
Ou bien à la fossette.

ANNETTE.

Ce sont jeux innocens,
Eh! mais oui-dà,
Comment peut-on trouver du mal à çà ?

Le noble jeu de quilles,
Ou le cheval fondu,
Est-ce donc pour les filles
Un plaisir défendu ?
Eh! nenni dà, etc.

LUBIN.

L'anguille, la poussette,
Cach'cache Nicolas.

ANNETTE.

Pour honnête fillette,
Sont d'innocens ébats.
Eh! mais oui-dà, etc.

LUBIN.

D'une humeur guillerette,
Le soir dans un bosquet,
Je réjouis Annette
Avec mon flageolet.
Eh! mais oui-dà, etc.

ANNETTE.

Ah! tiens, il y a bon remède à ce que dit le bailli, c'est que quelqu'un m'épouse.

LUBIN.
Je t'épouserai, moi.
ANNETTE.
Comment feras-tu ?
LUBIN.
Je n'en sais rien; nous demanderons conseil.
ANNETTE.
Eh! non, non, je m'en charge.
LUBIN.
Tu n'as qu'à dire au bailli de t'instruire.
ANNETTE.
Bon! bon! c'est lui qui prétend m'épouser.
LUBIN.
Oh! je ne m'étonne plus de tout son tapage. Ah! laisse-moi faire, laisse-moi faire. Je vais lui parler. Le voici.

SCÈNE VIII.

ANNETTE, LUBIN, LE BAILLI.

LUBIN.
Hola, holà! oh! monsieur le bailli!

AIR: *Je suis perdu.*

C'est donc vous, par la jarniguoi,
Qui mettez dans l'ame
De ma cousine....

PARODIE

LE BAILLI.

C'est bien toi,
C'est toi-même, infâme.

LUBIN.

Morgué, ne raisonnez pas.

LE BAILLI.

Cette fille est ingénue :
Tu la mets dans l'embarras ;
Tu l'as, tu l'as,
Tu l'as perdue.

LUBIN.

Je l'ai perdue ! Mettez donc vos lunettes, bonhomme Cassandre. Vous ne la voyez pas ? Elle vous crève les yeux.

LE BAILLI.

C'est son innocence, malheureux, que tu as perdue. Tu lui as fait un grand tort, un mal considérable.

ANNETTE.

Je vous demande pardon, monsieur le bailli, il m'a fait plus de bien que de mal.

LUBIN.

AIR : *Mon cœur chargé de sa chaîne.*

Si je fus assez barbare
Pour lui faire quelque tort,
Il faut que je le répare,
Travaillant jusqu'à la mort,
Bien fort.

ANNETTE.

Très-fort,
Cher Lubin, répare, répare,
Répare toujours ton tort.

LE BAILLI.

Quel chien de train ! Quelle chienne de vie menez-vous donc-là ?

AIR : *Tout consiste dans la vie.*

A chaqu'instant il vous caresse,
Vous prend, vous serre dans ses bras ;
Ce sont des transports de tendresse :
Ça n' convient pas, ça n' se fait pas.

ANNETTE.

Lui seul me fait de la journée
Trouver le bout.

LUBIN.

Et nous faisons toute l'année
S' qui s' fait partout.

ANNETTE.

Même air.

Vous dites que le mariage
Pourrait changer le mal en bien.

LUBIN.

Tenez, sans tant de verbiage,
Mariez-nous ?

ANNETTE.

Je le veux bien.
Arrangez toute cette affaire.
A votre goût.

LE BAILLI.

Vous marier ! Et pourquoi faire ?

LUBIN, ANNETTE.

S' qui s' fait partout.

PARODIE

LE BAILLI.

Non, non, cela ne se peut pas; vous êtes cousins.

LUBIN.

Tant mieux, il faut faire du bien à ses proches. Morgué! point tant de lantiponage, monsieur le Bailli, mariez-nous tout à l'heure!

LE BAILLI.

Taisez-vous, taisez-vous.

LUBIN.

Ah! vous ne le voulez pas de bonne grâce! Il faut vous étrangler de force, et après....

(Ils se jettent tous deux sur le Bailli.)

LE BAILLI.

Ahi! ahi! au secours! miséricorde!

SCÈNE IX, et dernière.

ANNETTE, LUBIN, LE BAILLI, LE SEIGNEUR.

LE SEIGNEUR.

Hola! holà! qu'est-ce donc que tout ce tapage-là?

LE BAILLI.

C'est Annette et Lubin, Monseigneur....

LE SEIGNEUR.

Comment, Annette ! Vous avez l'air bien en colère ?....

ANNETTE.

Moi, Monseigneur ? je suis si simple, si douce ; mais je veux que cinq cent mille diables m'emportent si je ne tords le cou à votre bourru de bailli.

LE SEIGNEUR.

(*A part.*) J'aime la naïveté de cette fille. (*Haut.*) Comment, monsieur le Bailli ! que lui avez-vous donc fait ?

LE BAILLI.

Rien, Monseigneur, je vous jure ; c'est ce coquin de Lubin.....

LUBIN.

C'est ce malheureux Bailli.....

LE SEIGNEUR, *à Lubin et au Bailli.*

AIR.

Paix là ! songez à vous taire.

ANNETTE.

Ah ! soyez mon protecteur.

LE SEIGNEUR.

Ouvrez hardiment votre cœur,
Et soyez sincère ;
Je veux entrer en bon seigneur
Dans votre affaire.

LUBIN.

La révérence, Annette. (*Elle la fait.*)

PARODIE

LE SEIGNEUR.

Voyons, parlez.

ANNETTE.

AIR : *Baise-moi donc, me disait Blaise.*

Si Monseigneur m'en fait la grace,
C'est que, c'est que.... le respect m'embarrasse ;
C'est que Lubin est mon soutien :
Comment veut-on que je m'en passe ?
Non, je ne puis manquer de rien,
Si Monseigneur m'en fait la grace.

Même air.

A cause que Lubin m'embrasse,
Ce vieux Bailli nous gronde et nous menace ;
Il dit que j'ai fait un enfant :
Mais vous aimez que l'on en fasse.
Tous les ans j'en puis faire autant,
Si Monseigneur m'en fait la grace.

LE SEIGNEUR.

Oui, oui, ma belle enfant, comptez sur moi.

LE BAILLI.

Vous n'avez qu'à l'écouter.

AIR : *L'allure.*

Tous deux suivent ici,
Sans souci,
L'instinct de la nature ;
Mais d'Annette Lubin
Est cousin :
En vain la loi murmure,
Il va son train.
Voilà du cousin l'allure, du cousin,
Voilà du cousin l'allure.

LE SEIGNEUR.

Peste! ils sont cousins. Oh oh! ceci change la thèse.

LE BAILLI.

Sans doute, malheureux! La terre et le ciel auraient dû s'entrouvrir sous vos pas.

ANNETTE.

AIR: *Quoi! vous partez?*

Il fait pour nous le plus beau temps du monde,
Et nous bravons l'été comme l'hiver :
Lorsque la pluie à l'entour nous inonde,
Lubin prend soin de me mettre à couvert.

ENSEMBLE.

Il fait pour nous, etc.

LUBIN.

Quand la chaleur brûle tout à la ronde,
Dans un bosquet nous nous mettons à l'air.

ENSEMBLE.

Il fait pour nous, etc.

ANNETTE.

Quand il fait froid, ou que l'orage gronde,
Jamais Lubin ne laisse rien d'ouvert.

ENSEMBLE.

Il fait pour nous, etc.

LE SEIGNEUR.

Regardez-la donc, monsieur le Bailli; sa figure est charmante.

PARODIE

LUBIN.

Air : *Le Cabaret est mon réduit.*

Annette a bien d'autres appas,
On ne peut trouver sa seconde;
Mais Annette, sur ce cas,
Est modeste et pudibonde,
Et ne montre pas, et ne montre pas
Son mérite à tout le monde.

LE BAILLI.

Ah! l'heureux coquin!

LE SEIGNEUR.

Vous m'attendrissez, mes enfans.

ANNETTE, LUBIN.

Ah! Monseigneur!

LE SEIGNEUR.

Oui, Lubin, je te protège. Qu'on le mène dans la prison du château, et Annette dans mon appartement.

ANNETTE, LUBIN.

Air : *Que n'aimez-vous, cœurs insensibles.*

Ah! Monseigneur, voyez nos larmes,
Ah! Monseigneur, voyez nos pleurs.

LUBIN.

Annette devient pâle, et perd ses charmes,
Elle en qui l'on voyait l'éclat des fleurs.

ENSEMBLE.

Ah! Monseigneur, etc.

ANNETTE.

Lubin devient à rien dans ses alarmes :
Hélas! si je le perds, bientôt je meurs.

ENSEMBLE.

Ah! Monseigneur, etc.

LE SEIGNEUR.

Mais, mais, finissez donc, vous me feriez pleurer aussi.

ANNETTE.

AIR : *C'est un enfant.*

Ahi! ahi!

LE BAILLI.

Je crains le pathétique.

ANNETTE.

Ahi! ahi! daignez me soutenir.
Ahi! ahi!

LE SEIGNEUR.

Quelle mouche la pique?

ANNETTE.

Ahi! ahi! je n'y puis plus tenir.

LE BAILLI.

La pauvre innocente!

LUBIN.

Elle se lamente.

LE SEIGNEUR.

Qu'a-t-elle donc à crier tant?

LE BAILLI.

C'est un enfant, c'est un enfant.

LE SEIGNEUR.

Mais, en effet, monsieur le Bailli, vous m'ouvrez les yeux; ce pourrait bien être un enfant.

PARODIE

LUBIN

Un enfant ! Ah que c'est drôle !

LE SEIGNEUR.

Eh bien, Annette ?

ANNETTE.

Je sens que ça se passe un peu ; mais, Monseigneur, je vous jure sur mon innocence....

LE BAILLI.

Oui, oui, elle va vous en donner des preuves parlantes.

LE SEIGNEUR.

Il n'en est pas besoin : le cas est pressant ; abrégeons, et qu'on les marie.

AIR : *Comme v'là qu'est fait.*

L'amour de Lubin et d'Annette
Trouve à la fin un dénouement ;
Entr'eux la noce est déjà faite :
Il vient tout naturellement.

LE BAILLI.

Quoi ! se marier sans notaires ?

LUBIN.

L'Amour, Annette et moi,
Jarniguoi !
Nous n'entendons pas les affaires,
Nous allons au fait.

LE SEIGNEUR.

En effet,
L' plus fort est fait.
L' plus fort est fait.

Allons, tout est dit; j'aime la population : mariez-vous, faites des enfans, et je vous aiderai.

ANNETNE ET LUBIN.

Ah! le bon Seigneur!

ANNETTE.

Je vous jure que je serai toujours pleine de reconnaissance, et que Lubin me fera toujours.....

LUBIN.

Oui, Monseigneur.

ANNETTE.

Tout ce qui peut vous être agréable.

LUBIN.

Oui, Monseigneur.

LE BAILLI.

Ma foi, Monseigneur, votre générosité me touche; vous paierez le contrat, et je serai le parrain.

LE SEIGNEUR.

Vive l'amour naïf; il faut avouer que l'esprit n'est qu'une bête en comparaison de la simple nature.

VAUDEVILLE.

Air : *La bonne aventure, ô gué!*

LE SEIGNEUR.

A la ville les amans
  Sont pleins d'imposture ;
Leurs plaisirs, leurs sentimens
  Ne sont qu'en peinture.
On prouve ici ce qu'on dit ;
Le cœur parle, et l'on agit :
Vive la nature, ô gué!
  Vive la nature !

ANNETTE.

Pour prouver qu'on s'aime bien,
  On proteste, on jure ;
Les promesses n'y font rien,
  Et l'on est parjure.
Sans tous ces raffinemens,
Nos baisers sont nos sermens :
Vive la nature, ô gué!
  Vive la nature !

LUBIN.

Les madames de Paris
  Font grande figure ;
Ils mettent sur leurs habits
  Clinquant et dorure ;
Mais vive un déshabillé,
Tout uni, qui n'est taillé
Que par la nature, ô gué !
  Que par la nature !

LE BAILLI.

Gaîment j'ai su me tirer
 De maint aventure.
L'homme peut-il espérer
 Un bonheur qui dure ?
Amour, vigueur et talens,
Tout se passe avec le temps;
Ah ! pauvre nature, hélas !
 Ah ! pauvre nature !

LE SEIGNEUR.

Au Théâtre italien,
 Lubin s'alambique ;
Et pour ne dire qu'un rien,
 D'esprit il se pique :
Mais le cœur ne veut point d'art,
Nature est ici sans fard :
Vive le physique, ô gué !
 Vive le physique !

M. CAILLOT.

J'aime une jeune beauté
 Faite en miniature :
Elle n'a rien d'apprêté,
 Ni teint, ni parure ;
Elle charme, elle ravit ;
Mais ce n'est point par l'esprit;
C'est par la nature, ô gué !
 C'est par la nature !

Mad. FAVART.

Du succès, dès le début,
 Richelieu s'assure ;
Il sait aller à son but,
 Toujours en droiture.
Aisément il réussit,
Par le génie et l'esprit;
Et par la nature, ô gué !
 Et par la nature !

FIN.

VERS
ADRESSÉS A M. FAVART,
LE JOUR DE LA REPRÉSENTATION
DE L'ANGLAIS A BORDEAUX.

Oui, je te reconnais à ton nouvel ouvrage ;
  Favart, il est digne de toi :
  En philosophe, en homme sage,
  De tes talens tu fais emploi.
  Nous devons tous te rendre hommage.
Chacun avec transport lira tes vers charmans :
Le feu de ton génie y grave en traits de flamme
  Ces vertus, ces beaux sentimens,
  Qui sont l'image de ton ame :
Tu peins l'humanité prodigant les bienfaits,
L'amour modeste et vrai, l'amitié tendre et sûre,
  Les rois pères de leurs sujets,
  Les héros amis de la paix :
Tout respire en tes vers l'honneur et la droiture.
Jouis, mon cher Favart, de tes succès heureux :
Ils honorent ton siècle, en te comblant de gloire.
  Ce jour va faire époque dans l'histoire ;
  Et tous les cœurs honnêtes, vertueux,
Seront, dans tous les temps, ton temple de mémoire.

VERS

DE M. L'ABBÉ DE VOISENON,

ADRESSÉS A M. FAVART,

APRÈS LA PREMIÈRE REPRÉSENTATION

DE L'ANGLAIS A BORDEAUX.

Apollon triomphe aujourd'hui :
De lauriers immortels il couronne ta tête.
Je suis dans le secret des honneurs qu'il t'apprête ;
Et le cours de mes ans en paraît raffermi.
    C'est pour mon cœur un jour de fête,
Lorsque l'on rend hommage à mon meilleur ami.

L'ANGLAIS

A BORDEAUX,

COMÉDIE

EN UN ACTE ET EN VERS LIBRES.

Représentée devant LEURS MAJESTÉS, à Versailles, le jeudi 17 mars 1763, par les Comédiens Français ordinaires du Roi.

ACTEURS.

DARMANT.
LA MARQUISE DE FLORICOURT, sœur de Darmant.
BRUMTON.
CLARICE, fille de Brumton.
SUDMER, ami de Brumton.
ROBINSON, valet du Milord.
UN AUTRE VALET.
UN BORDELAIS.

La Scène est à Bordeaux, dans la maison de Darmant.

L'ANGLAIS A BORDEAUX,

COMÉDIE.

SCÈNE PREMIÈRE.

DARMANT, LA MARQUISE DE FLORICOURT.

LA MARQUISE.

JE vous renonce pour mon frère :
Toujours pensif ! rien ne vous rit !
Vos prisonniers anglais vous ont gâté l'esprit :
Vous n'êtes occupé que du soin de leur plaire ;
Votre Milord Brumton vous rend atrabilaire.

DARMANT.

Ma sœur, je suis piqué, mais piqué jusqu'au vif.
L'amitié du milord me serait précieuse :
En tout, pour la gagner, on me voit attentif ;
Mais sa fierté superbe et dédaigneuse
Rejette mes secours, s'indigne de mes soins ;
Il aime mieux s'exposer aux besoins,
Rendre sa fille malheureuse :

Il croit son honneur avili,
S'il accepte un bienfait des mains d'un ennemi.

LA MARQUISE.

Mais, mon frère, en cherchant à lui rendre service,
Ne songeriez-vous point à sa fille Clarice?
Cette Anglaise est charmante!

DARMANT.

Epargnez-moi, ma sœur,
Et ne déchirez point le voile de mon cœur.
Si l'on me soupçonnait..... Il est vrai, je l'adore.
Je veux me le cacher, je veux qu'elle l'ignore:
L'amour dégraderait la générosité.

LA MARQUISE.

Qui vous fait donc agir?

DARMANT.

L'humanité.
J'ai plongé dans la peine une noble famille.
Qu'une guerre fatale entraîne de regrets!
Brumton part de Dublin pour Londres, avec sa fille;
Il embarque avec lui ses plus riches effets.
  La frégate que je commande,
  Croisant sur les côtes d'Irlande,
Rencontre son vaisseau, l'atteint et le combat.
  Brumton, qu'aucun danger n'alarme,
Soutient notre abordage, et montre avec éclat
L'activité d'un chef, et l'ardeur d'un soldat;
Il fond sur moi, me blesse; et ma main le désarme.

COMÉDIE.

Il veut braver la mort; je prends soin de ses jours :
A l'ennemi vaincu, l'honneur doit des secours.

LA MARQUISE.

Fort bien, mon frère.

DARMANT.

Enfin, nous avons l'avantage;
Son vaisseau coule à fond, et l'on n'a que le temps
De sauver sur mon bord les gens de l'équipage.
Je reviens à Bordeaux, où mes soins vigilans
De ces infortunés soulagent la misère;
Mais Brumton se refuse à mes empressemens.

LA MARQUISE.

Moi j'aime assez ce caractère.
Il est brusque; mais il est franc.
Sa fierté, qui paraît choquer la politesse,
Relève en lui l'air de noblesse
D'un homme qui soutient son rang.
Si son maintien est froid, ses yeux ont de la flamme;
Et je lui crois une belle ame.
Il n'a pas quarante ans cet homme ?

DARMANT.

Tout au plus.

LA MARQUISE.

Devenez son ami.

DARMANT.

Mes soins sont superflus;

Ses principes outrés d'honneur patriotique,
Sa façon de penser, qu'il croit philosophique,
 Sa haine contre les Français,
Tout met une barrière entre nous pour jamais.

LA MARQUISE.

Je prétends la briser : oui, vous pouvez m'en croire.
 Pour vous, pour moi, pour notre gloire,
 Il reviendra de sa prévention.
Il s'agit de l'honneur de notre nation.
 Nous verrons donc ce philosophe ;
Et s'il veut raisonner, c'est moi qui l'apostrophe.
Je philosophe aussi, quand je veux, tout au mieux.

DARMANT.

Plaisantez-vous ?

LA MARQUISE.

   Moi ? point du tout, mon frère ;
Et cela devient sérieux.
Allez, allez, laissez-moi faire.
Doutez-vous des talens que j'ai ?
 Par un ridicule contraire,
 Un ridicule est souvent corrigé.
Vous voyez bien que je me rends justice ;
J'entreprends le Milord ; vous, poursuivez Clarice :
 Il est honteux pour vous, pour un Français,
  D'aimer sans espoir de succès ;
Cependant, obligez le Milord en silence,
 Et cherchez des moyens secrets.

COMÉDIE.

DARMANT.

J'ai déjà commencé ; mais n'en parlez jamais :
D'un bienfait divulgué, l'amour propre s'offense.
Le valet Robinson est dans mes intérêts ;
Par son moyen, son maître a touché quelques sommes
Sous le nom supposé d'un patriote anglais.

LA MARQUISE.

Voilà comme il faudrait toujours tromper les hommes.

DARMANT.

J'aperçois Robinson. Viens-çà.

SCÈNE II.

DARMANT, ROBINSON, LA MARQUISE.

ROBINSON.

Bonjour, Monsieur ;
Bonjour, Madame. Ah ! le bon frère
Que vous avez-là ! le bon cœur !
Sans lui nous étions morts, j'espère.

DARMANT.

Paix ! je t'ai défendu....

ROBINSON.

Quel Français obligeant !
Brave homme, toujours prêt à donner de l'argent :

Il est notre unique ressource.
Je crois toujours lui voir ouvrir sa bourse,
En me disant : tiens, Robinson,
Prends, mon ami, prends sans façon.

DARMANT *lui donne de l'argent.*

Prends donc, et te tais.

ROBINSON.

Oh ! je n'ai garde de dire....

LA MARQUISE.

Que fait ton maître ?

ROBINSON.

Il pense.

DARMANT.

Et Clarice ?

ROBINSON.

Soupire.

LA MARQUISE.

Penser, soupirer ! Pauvres gens !
C'est fort bien employer le temps.

ROBINSON.

Clarice s'amusait à lire
Un de ces beaux romans qu'on fabrique à Paris;
Tout en rêvant, s'est approché mon maître :
Un ouvrage français ! dit-il, d'un air surpris;
Et le roman vole par la fenêtre.

LA MARQUISE.

Cet homme a l'esprit juste.

ROBINSON.

« Occupez-vous de Lock,
« Ma fille; lisez Clarck, Swist, Newton, Bolingbrok.
« Songez que vous êtes Anglaise :
« Apprenez à penser.... Puis ayant dit ces mots,
Il s'enfonce dans une chaise,
Pour réfléchir plus à son aise,
En décidant que vous êtes des sots.

LA MARQUISE.

Cet homme est singulier.

ROBINSON.

C'est la vérité pure ;
Et je n'ajoute rien, Madame, je vous jure.

LA MARQUISE.

Mais quelquefois, Milord t'a-t-il parlé de moi ?

ROBINSON.

Toujours beaucoup. Il dit, Madame....

LA MARQUISE.

Quoi ?

ROBINSON.

Il dit qu'il vous trouve bien folle,
Et que c'est grand dommage.

LA MARQUISE.

Bon !
Je conclus sur cela que mon eprit frivole
Va lui faire entendre raison.

DARMANT.

Que pense-t-il de la lettre de change ?

ROBINSON.

Il la croit véritable, et n'y voit rien d'étrange.

DARMANT.

Elle est bonne en effet ; c'est de l'argent comptant.

ROBINSON.

Pour en toucher la somme, il m'envoie à l'instant.

DARMANT.

Va donc chez mon banquier ; mais que chacun ignore.

ROBINSON.

Ne craignez rien, j'ai fait passer encore
L'effet sous le nom de Sudmer,
Négociant de Londre, et son ami très-cher :
Mon maître, convaincu qu'il lui doit ce service,
Hâtera le moment de lui donner Clarice.

DARMANT.

Clarice à Sudmer ?

BOBINSON.

Oui. Monsieur tout à la fois,
Au lieu d'une personne en obligera trois ;
Et Clarice surtout qui deviendra la femme....

DARMANT.

C'en est assez, va-t-en. *(A part.)* Quel coup fatal !

SCÈNE III.

LA MARQUISE, DARMANT.

LA MARQUISE.

Comment, vous travailliez au bonheur d'un rival?
Mais rien n'est si plaisant.

DARMANT.

Raffermissez mon ame,
Je crains de me trahir, et je dois résister.
Je suis impétueux, je me laisse emporter;
Et vous sentez trop bien qu'il faut cacher ma flamme.

LA MARQUISE.

Qu'elle éclate plutôt : livrez-vous à l'espoir.
Quel est donc ce Sudmer, pour entrer en balance
Avec les agrémens que vous pouvez avoir?
Vous méritez la préférence :
Le don de plaire est votre lot.
L'excès de modestie est défaut à votre âge;
Soyez plus confiant, plus Français, en un mot :
Faites sentir un peu votre avantage.

DARMANT.

Qui s'élève est un fat.

LA MARQUISE.

Qui s'abaisse est un sot.
Cette délicatesse à la fin peut vous nuire,
Et vous avez besoin de vous laisser conduire.
Feu mon mari, le marquis Floricourt,
Qui passait pour un agréable,
Me consultait pour être aimable :
Je l'ai rendu l'homme du jour.
Ainsi par mes conseils....

DARMANT.

Souffrez que je m'en passe.
Tout ce que je demande est un profond secret.

LA MARQUISE.

Eh bien, on se taira, monsieur l'amant discret ;
Je vous livre à vous-même.

DARMANT.

Oui, faites-m'en la grace.
Tout espoir m'est ravi.

LA MARQUISE.

Clarice vient à nous.

SCÈNE IV.

DARMANT, LA MARQUISE, CLARICE.

CLARICE.

Madame, j'ai recours à vous.
Mon père s'abandonne à la mélancolie.
Tout lui déplaît, l'inquiette, l'ennuie.
Hélas! rendez son sort plus doux.

LA MARQUISE.

Qui? Moi? Très-volontiers.

DARMANT.

O Ciel! que faut-il faire?
Parlez.

CLARICE.

Je n'en sais rien; mais cependant j'espère.
Tantôt plongé dans un chagrin mortel,
Il vous entend de la salle voisine,
Jouer au clavecin un concerto d'Indel;
Et je vois éclaircir l'humeur qui le domine:
Il écoute, il admire; et vos savans accords
Sont comme autant de traits de flamme.
Notre musique anglaise excite ses transports.
Pour la première fois, je vois, ici, Madame,
Le plaisir dans ses yeux, et le jour dans son ame.

DARMANT.

Ma sœur, ma sœur, courez au clavecin.

LA MARQUISE.

Monsieur Darmant, il n'est pas nécessaire :
Suivez votre projet; pour moi, j'ai mon dessein.
Adieu. Qu'il est nigaud! mais c'est pourtant mon frère.

SCÈNE V.

CLARICE, DARMANT.

DARMANT.

Restez, belle Clarice; ah! que vous m'êtes chère!

CLARICE, *avec fierté*.

Moi, Monsieur?

DARMANT.

Oui, vous, par l'attachement
Que vous montrez pour un si digne père.
Je l'estime, je le révère.

CLARICE.

Il le mérite.

DARMANT.

Assurément;
Mais toujours à mes vœux, le verrai-je contraire?

COMÉDIE.

CLARICE.

Vos vœux? Je ne vois pas que ce soit son affaire.

DARMANT, *avec ardeur.*

Ah! l'amour!....

CLARICE, *fièrement.*

Quoi, Monsieur?

DARMANT, *se modérant.*

L'amour propre blessé
Devrait gémir dans mon cœur offensé,
Des efforts impuissans que j'ai faits pour lui plaire.

CLARICE.

Votre dépit s'exprime vivement.

DARMANT, *à part.*

Je ne m'observe pas.

CLARICE.

Est-il quelque mystère?

DARMANT.

Quelque mystère? Nullement;
Mais je sais que Milord me hait et me déteste:
Vous partagez ce cruel sentiment....

CLARICE.

La haine! ah! c'est, je crois, le plus cruel tourment;
Et mon cœur n'est point fait pour cet état funeste.

(*A part.*) Je devrais fuir l'amour également.

Monsieur, croyez-vous que j'approuve
Ces injustes préventions
Qui divisent nos nations ?
J'honore la vertu partout où je la trouve.

DARMANT, *vivement.*

Oui, la vertu ; vous l'inspirez,
Et votre père aussi : c'est vous qui la parez,
Vous la représentez affable et circonspecte :
Elle a pris tous vos traits, afin qu'on la respecte.
J'ai, pour servir l'État, recherché de l'emploi ;
Avec ardeur j'ai désiré la guerre :
Vos malheurs l'ont rendue un vrai fléau pour moi ;
Et c'est depuis que je vous vois,
Que la paix me paraît le bonheur de la terre.

CLARICE.

Je n'ai garde d'ajouter foi
A des paroles si flatteuses.
C'est votre style à tous : votre première loi
Est de nous prodiguer des louanges trompeuses.
L'art dangereux de la séduction
Est le trait principal qui vous caractérise :
Cet art, que chez nous on méprise,
Fait partie, en ces lieux, de l'éducation ;
Et cette fausseté que l'agrément déguise....

DARMANT.

Justement : du Milord voilà les préjugés ;
Vous n'imaginez pas combien vous m'affligez.

Votre air de dédain m'humilie
Plus que l'excès d'un vrai courroux.

CLARICE.

En critiquant votre patrie,
Je voudrais que le trait ne portât point sur vous.

DARMANT.

Quoi ! vous m'excepteriez ?

CLARICE.

Non vraiment, je n'ai garde ;
Je voudrais seulement pouvoir vous excepter.

DARMANT.

Mais de ma bonne foi qui vous ferait douter ?
Peut-on n'être pas vrai lorsque l'on vous regarde ?

CLARICE.

Ah ! vous reprenez le jargon !
De ce moment je vous laisse.

DARMANT.

Non, non ;
Encore un seul instant demeurez, je vous prie.

CLARICE.

J'y consens ; mais surtout aucune flatterie.

DARMANT, *très-modérément.*

Eh bien, Clarice, je promets
Que je ne vous dirai jamais

Ces vérités qui vous déplaisent.
                    (*Avec une froideur contrainte.*)
Il faut, à votre égard, que les désirs se taisent :
Vous leur imposez trop ; et mon dessein n'est point...

          CLARICE, *d'un air piqué.*

Ah ! Monsieur, je vous rends justice sur ce point.

                    DARMANT.

Vous avez bien raison, oui ; mais daignez m'entendre :
L'estime peut unir des esprits opposés.

                    CLARICE.

Oui ; mais quand deux pays sont aussi divisés,
  Il ne faut pas de sentiment plus tendre.

DARMANT, *avec modération ; mais cette modération, se perdant par degrés, mène à la plus grande vivacité pour finir la tirade.*

Aussi n'en ai-je pas. Je dirai cependant
Que le cœur n'admet point un pays différent.
C'est la diversité des mœurs, des caractères,
Qui fit imaginer chaque Gouvernement.
      Les lois sont des freins salutaires
        Qu'il faut varier prudemment,
Suivant chaque climat, chaque tempérament :
      Ce sont des règles nécessaires,
  Pour que l'on puisse adopter librement
      Des vertus même involontaires ;
      Mais ce qui tient au sentiment

N'a dans tous les pays qu'une loi, qu'un langage :
>Tous les hommes également
>S'accordent pour en faire usage.

Français, Anglais, Espagnol, Allemand,
Vont au-devant du nœud que le cœur leur dénote :
Ils sont tous confondus par ce lien charmant ;
Et quand on est sensible, on est compatriote.
>Malheur à ceux qui pensent autrement.
>Une ame sèche, une ame dure
>Devrait rentrer dans le néant :

C'est aller contre l'ordre. Un être indifférent
>Est une erreur de la nature.

>CLARICE, *avec vivacité.*

Il est bien vrai, Monsieur....

>DARMANT, *plus vivement encore.*

>>Ah! Clarice!

>CLARICE, *très-froidement.*

>>Il suffit.

Que voulez-vous prouver ? que voulez-vous entendre ?

>DARMANT.

Moi ! j'ai trop de respect, je n'ai rien à prétendre.

>CLARICE, *à part.*

Me serais-je trahie ?

>DARMANT, *à part.*

>>O ciel ! j'en ai trop dit.

CLARICE.

Mais je crois que j'entends mon père.

DARMANT.

Ma présence
Pourrait l'importuner ; et je dois l'éviter.
Je craindrais d'impatienter
Un sage dont je veux gagner la confiance.

SCÈNE VI.

CLARICE, LE MILORD.

LE MILORD.

On n'y saurait tenir. Quel peuple ! quel pays !

CLARICE.

Qu'avez-vous donc encor, mon père ?

LE MILORD.

Je me sens transporté d'une juste colère ;
Je ne vois que des jeux, je n'entends que des ris.
Chanteurs importuns ! doubles traîtres !
Avec leurs violons, leurs tambourins maudits,
Incessamment, exprès, passer sous mes fenêtres,
Pour me troubler dans mes ennuis.
Tous les jours des sauts, des gambades,
Et tous les soirs des sérénades.
Quand pourrai-je sortir du cahos où je suis ?

CLARICE.

Les Français sont gais par usage :
De votre sombre humeur écartez le nuage.

LE MILORD.

Tandis que la Discorde, en cent climats divers,
De tant d'infortunés écrase les asiles,
    Le Français chante ; on ne voit dans ses villes
        Que festins, jeux, bals et concerts.
Quel Dieu le fait jouir de ces destins tranquilles ?
Dans le sein de la guerre, il goûte le repos ;
Sans peines, sans besoins, et libre sous un maître,
Le Français est heureux, et l'Anglais cherche à l'être.

CLARICE.

Vous pouvez l'être aussi.

LE MILORD.

     Ma fille, laissez-moi ;
J'ai besoin d'être seul.

CLARICE.

     Toujours seul ! et pourquoi?...

Le Milord fait un signe de la main, et Clarice se retire.

SCÈNE VII.

LE MILORD, seul.

Je me vois retenu chez un peuple frivole,
Qu'on ne peut définir. Plein d'amour pour son roi;
Tout entier à l'honneur, sa principale loi;
Fidèle à ses devoirs, au plaisir, son idole;
Des momens les plus chers il consacre l'emploi.
(*Il s'assied, et après un moment de silence, il jette les yeux sur une pendule.*)
Tout ne présente ici qu'un luxe ridicule.
Quoi! l'art a décoré jusqu'à cette pendule!
On couronne de fleurs l'interprète du temps,
Qui divise nos jours et marque nos instans!
Tandis que tristement ce globe qui balance,
Me fait compter les pas de la mort qui s'avance,
Le Français, entraîné par de légers désirs,
Ne voit sur ce cadran qu'un cercle de plaisirs.
  O ciel! est-il tourment plus rude?
  (*Un valet du milord entre avec des sacs.*)
Qui vient encore ici troubler ma solitude?
  Quoi! toujours! ah! c'est de l'argent.
 Je le reçois dans un besoin urgent:
Des secours étrangers il m'épargne la honte.
Tu ne t'es pas trompé? sans doute j'ai mon compte?

COMÉDIE.

LE VALET.

Oui, Milord.

LE MILORD.

Relisons la lettre de Sudmer.
O généreux Anglais, que tu me deviens cher!

(*Il lit.*)

« Milord, vous devez avoir besoin d'argent dans la
« situation où vous êtes ; je vous envoie une lettre de
« change de deux mille guinées. Je compte trop sur
« votre amitié, pour ne pas être sûr que vous n'of-
« fenserez pas la mienne par un refus. Mon bras est
« assez bien remis ; mais je n'ai pas encore la liberté
« d'écrire moi-même. Ne me faites point de réponse,
« je m'embarque pour la Caroline : nous nous verrons
« à mon retour. »

(*Après avoir lu, il dit :*)

Les bienfaits de Darmant pour moi sont une offense;
Mais de ceux d'un ami l'on ne doit pas rougir.
Que mon sort est heureux ! d'ici je vais sortir :
Oh ! j'y mourrais d'impatience.
Porte ces sacs dans mon appartement,
Et dis à Robinson d'aller en diligence
Chercher un autre logement,
Pour vivre seuls dans l'ombre et le silence.

SCÈNE VIII.

LE MILORD, ROBINSON, LA MARQUISE.

LA MARQUISE.

C'est penser merveilleusement.
Vous voulez nous quitter : j'en décide autrement.
Vous paraissez surpris, Monsieur ?

LE MILORD, *froidement.*

J'ai lieu de l'être.

LA MARQUISE.

Vous êtes un singulier être.
Quoi ! depuis un mois environ
Que vous logez dans la maison....

LE MILORD.

C'est à mon grand regret.

LA MARQUISE.

On ne peut vous connaître !
Quatre ou cinq fois je vous ai vu paraitre,
Quatre ou cinq fois vous avez dit deux mots,
Encor placés mal à propos.

LE MILORD.

J'en ai trop dit, Madame, et votre caractère
S'accorde mal, sans doute, avec le mien.
Je craindrais d'ennuyer.

LA MARQUISE.

              Il se pourrait très-bien ;
Mais pour se rapprocher, se convenir, se plaire,
    Fort souvent il ne faut qu'un rien.
Vous avez ce qu'il faut pour être un homme aimable,
Et vous vous efforcez pour être insoutenable !
Oh ! je vous entreprends..... Mais écoutez-moi donc.
Demeurez : je le veux.

LE MILORD.

              Madame prend un ton...

LA MARQUISE.

Qui me convient : je suis femme et Française.

LE MILORD, *regardant la Marquise avec un air d'intérêt.*

Tant pis.

LA MARQUISE.

Tant mieux. Causons, Milord, ne vous déplaise.

LE MILORD.

Je parle peu.

LA MARQUISE.

        Je parlerai pour vous,
Et vous me répondrez, si vous pouvez.
    (*Retenant le Milord qui veut s'en aller.*)
                              Tout doux !

LE MILORD.

Je réponds mal.

LA MARQUISE.

Eh bien, tout à votre aise ;
On ne se gêne point chez nous.
En qualité d'homme qui pense,
Je ne crois pourtant pas que Monsieur se dispense
D'éclairer ma raison, mon cœur et mon esprit.
Vous êtes philosophe, à ce que l'on m'a dit :
Communiquez un peu votre science.

LE MILORD.

Je pense pour moi seul.

LA MARQUISE.

Ah ! quelle inconséquence !
En vain le sage réfléchit,
Si la société n'en tire aucun profit :
On doit la cultiver pour elle, pour soi-même.
Eh ! laissez-là vos songes creux ;
La meilleure morale est de se rendre heureux :
On ne peut l'être seul avec votre système ;
Mon instinct me le dit, et mon cœur encor mieux.
La chaîne des besoins rapproche tous les hommes ;
Le lien du plaisir les unit encor plus.
Ces nœuds si doux, pour vous sont-ils rompus ?
Pour être heureux, soyez ce que nous sommes.

LE MILORD.

O ciel ! à des travers on me verrait soumis !
Madame, excusez-moi ; mais vous m'avez permis....

LA MARQUISE.

Eh! oui, de tout mon cœur j'excuse ;
Ne nous ménagez pas, Monsieur ; cela m'amuse.

LE MILORD.

J'en suis charmé, Madame ; et selon votre avis,
Je dois me réformer, devenir sociable,
Renoncer au bon sens pour être un agréable.

LA MARQUISE.

Mais on gagne toujours à se rendre amusant.

LE MILORD.

Suis-je fait pour être plaisant?
Connaissez mieux l'Anglais, Madame : son génie
Le porte à de plus grands objets :
Politique profond, occupé de projets,
Il prétend à l'honneur d'éclairer sa patrie.
Le moindre citoyen, attentif à ses droits,
Voit les papiers publics, et régit l'Angleterre ;
Du Parlement compte les voix ;
Juge de l'équité des loix,
Prononce librement sur la paix ou la guerre,
Pèse les intérêts des Rois,
Et, du fond d'un café, leur mesure la terre.

LA MARQUISE.

Vous êtes en cela plus plaisant mille fois :
Trop au-dessus de nous sont ces graves emplois.
Libres de tout soin inutile,

Nos heureux citoyens respirent le repos :
La surface des mers voit agiter ses flots ;
Mais la profonde arène est constante et tranquille.
Jouissez comme nous.

LE MILORD.

Mais d'un si doux loisir
Quel est le fruit ?

LA MARQUISE.

Le plaisir.

LE MILORD.

Le plaisir !
J'entends ; et si je veux vous plaire,
Il faut, comme j'ai dit, changer de caractère,
Jouer le rôle fatigant
D'un joli petit-maître et d'un fat élégant.
Ah ! lorsque de penser on a pris l'habitude...

LA MARQUISE.

On est sot avec art, maussade avec étude.

LE MILORD.

Il faut avoir l'esprit bien faux,
Pour se prêter à cette extravagance.

LA MARQUISE.

Je m'y prête bien, moi.

LE MILORD.

La bonne conséquence !

COMÉDIE.

LA MARQUISE.

Si vous vous arrêtez à ces légers défauts,
Vous n'êtes pas au bout : la liste en est très-ample :
  Nous avons mille originaux.
Je pourrais vous citer.... moi, Monsieur, par exemple....

LE MILORD.

Je ne m'attendais pas à cette bonne foi.

LA MARQUISE.

Je parais ridicule à vos yeux, je le voi ;
Mais, tout considéré, quel est le ridicule ?
Sous des traits différens dans le monde il circule ;
Mais, au fond, quel est-il ? une convention,
Un fantôme idéal, une prévention :
Il n'exista jamais aux yeux d'un homme sage :
Se variant au gré de chaque nation,
  Le ridicule appartient à l'usage :
L'usage est pour les mœurs, les habits, le langage ;
  Mais je ne vois point les rapports
  Qu'il peut avoir avec notre ame.
L'homme est homme partout : si la vertu l'enflamme,
  C'est mon héros ; je laisse les dehors.
  Quoi ! toujours notre esprit fantasque
Ne jugera jamais l'homme que sur le masque !
Nous avons des défauts, chaque peuple a les siens.
  Pourquoi s'attacher à des riens ?
Eh ! oui, des riens, des misères, vous dis-je,

Qui ne méritent pas d'exciter votre humeur ;
C'est d'un vice réel qu'il faut qu'on se corrige :
Les écarts de l'esprit ne sont pas ceux du cœur.

LE MILORD.

Comment ! vous êtes philosophe ?....

LA MARQUISE, *gaîment.*

Moi ! je ne connais point les gens de cette étoffe,
Ni ne veux les connaître : ils sont trop ennuyeux ;
Je cherche à m'amuser, cela me convient mieux.

LE MILORD, *avec un peu d'humeur.*

Toujours l'amusement !

LA MARQUISE.

Oui, Milord hypocondre.
Je pourrais censurer les usages de Londre,
 Comme vous attaquez nos goûts ;
Mais je ris simplement et de vous et de nous.
 Que les Anglais soient tristes, misanthropes,
 Toujours avec nous contrastés,
Cela ne me fait rien : leurs sombres enveloppes
N'offusquent point d'ailleurs leurs bonnes qualités :
Ils sont francs, généreux, braves ; je les estime.

LE MILORD, *avec chaleur.*

Quoi ! vous estimez les Anglais ?

LA MARQUISE.

Assurément ! ils ont une ame magnanime,
De l'honneur, des vertus ; et je sais d'eux des traits...

COMÉDIE.

LE MILORD.

Vous me charmez.

LA MARQUISE, à part.

Bon, son humeur s'appaise.

LE MILORD.

Comment donc, vous pensez ?.....

LA MARQUISE.

Qui ? moi ? Je n'en sais rien.

LE MILORD.

Ah ! vous me séduiriez si vous étiez Anglaise.
Je goûte dans votre entretien....

LA MARQUISE.

Je ne veux point penser, Monsieur, c'est un ouvrage.
Ce que je dis part de l'esprit, du cœur,
De l'ame, dans l'instant ; en vous laissant l'honneur
D'une prétention qui ne convient qu'au sage.

LE MILORD, *prenant la main de la Marquise.*

Vous en avez, Madame, un plus grand avantage.

LA MARQUISE.

Que faites-vous ? (*à part.*) Il est déconcerté.

LE MILORD, *à part.*

Je demeure interdit : je crois, en vérité,
Que mon cœur, malgré moi....

LA MARQUISE, *à part.*

Cet essai m'encourage.

(*Haut.*) Mais je m'arrête ici ; je pense qu'il est tard.

LE MILORD, *l'arrêtant.*

Non, Madame.

LA MARQUISE.

Excusez, on m'attend autre part
Pour arranger un ballet agréable :
C'est pour ce soir qu'on doit le préparer ;
Vous seriez un homme adorable,
Si vous vouliez y figurer.

LE MILORD.

Vous vous moquez, je pense, ou c'est mal me connaître.

LA MARQUISE.

Pourquoi me refuser, quand vous pouvez en être ?
Cessez de chercher des raisons
Pour nourrir chaque jour votre mélancolie.
Vous pensez, et nous jouissons.
Laissez-là, croyez-moi, votre philosophie :
Elle donne le splène, elle endurcit les cœurs ;
Notre gaîté, que vous nommez folie,
Nuance notre esprit, de riantes couleurs.
Par un charme qui se varie :
Elle orne la raison, elle adoucit les mœurs ;
C'est un printemps qui fait naître les fleurs
Sur les épines de la vie.

LE MILORD, *à part.*

Je risque trop à l'écouter ;
Je ferai mieux de l'éviter.

(*On entend le son des tambourins.*)

Qu'entends-je encor ? quel affreux tintamarre !

SCÈNE IX.

LE MILORD, LA MARQUISE, UN BORDELAIS.

LE BORDELAIS.

Marquise, eh! donc, nous allons répéter?

LE MILORD, *à part*.

Où fuir?

LA MARQUISE.

N'allez pas nous quitter.

LE MILORD.

Vous me ferez mourir.

LA MARQUISE.

Vous êtes bien bizarre.

LE BORDELAIS.

Lé Milord est des nôtres?

LA MARQUISE.

Oui.
Vraiment, je compte bien sur lui.

LE MILORD.

Épargnez-moi, je vous supplie......

LE BORDELAIS.

Monsé danse lé munuet?

LE MILORD.

Eh! je n'ai dansé de ma vie.

LE BORDELAIS.

En deux ou trois leçons, nous vous rendrons parfait.

LE MILORD.

Morbleu!

LA MARQUISE.

Dissimulez votre misanthropie.
(*Bas au Milord.*)   (*Au Bordelais.*)
Vous vous déshonorez. Allez, je vous rejoins.

SCÈNE X.

LE MILORD, LA MARQUISE.

LA MARQUISE.

Rendez-vous digne de mes soins.
Une heure ou deux, je veux bien faire trêve;
Après cela, je vous enlève.
Point de refus, ou bien vous me déplairiez fort;
Je vous en avertis. Adieu, mon cher Milord.
Si nous extravaguons, le plaisir nous excuse :
Bien fou qui s'en afflige; heureux qui s'en amuse.

SCÈNE XI.

LE MILORD, seul.

M'en voilà quitte, par bonheur !
Mais je ne devais pas lui marquer tant d'aigreur;
   Car malgré son inconséquence,
   Je m'aperçois qu'elle a bon cœur ;
   Et sans qu'elle y songe, elle pense.
Oui, je la jugeais mal, et je sens mon erreur.
Allons, allons, Milord, il faut que tu t'appaises;
Fais effort sur toi-même, et pardonne aux Françaises.
   On peut s'y faire.... Ah! j'aperçois Darmant....
   Et sa présence est un tourment.

SCÈNE XII.

LE MILORD, DARMANT.

DARMANT.

Milord, je vous annonce une heureuse nouvelle.
C'est votre intérêt seul....

LE MILORD.

        Abrégeons. Quelle est-elle?

DARMANT.

Nous allons renvoyer des prisonniers Anglais,
Pour pareil nombre de Français :
Je vous ai fait, Milord, comprendre dans l'échange ;
J'ai tant sollicité....

LE MILORD.

Vous en ai-je prié ?

DARMANT.

Je cherche à vous servir.

LE MILORD, *à part.*

Cet homme est bien étrange !

DARMANT.

Quoi ! mon empressement....

LE MILORD.

M'a trop humilié.
Je ne veux rien devoir qu'à ma nation même.
M'obliger malgré moi !

DARMANT.

Quoi, toujours dans l'extrême,
Vous ne prêtez à tout que de sombres couleurs !

LE MILORD.

J'ai des amis encor, j'ai des partis à Londre ;
Si la fortune à mes vœux peut répondre,
Je trouverai sans vous la fin de mes malheurs ;
Je reste en attendant.

DARMANT, *à part.*

Me voilà plus tranquille.
Avec regret je l'aurais vu partir.
(*Haut.*)
Ma maison est à vous.

LE MILORD, *avec un soupir étouffé.*

Non, non ; j'en dois sortir.

DARMANT.

Pourquoi chercher un autre asile ?
Qui pourrait ici vous troubler ?
A-t-on manqué d'égards ?....

LE MILORD.

C'est trop m'en accabler ;
Oui, trop ; et franchement, voilà ce qui me blesse.
Avec vos soins vous me serrez :
La politesse outrée est une impolitesse ;
Et je veux être libre.

DARMANT.

Et bien ! vous le serez.

LE MILORD.

Je ne sais pas pourquoi mon sort vous intéresse ;
Je n'ai rien fait pour vous.

DARMANT.

J'ose vous supplier....

LE MILORD.

De quoi ? J'ai dans l'esprit qu'on doit se défier
De qui nous flatte et nous caresse.
Je vous suis obligé de me vouloir du bien :
Mais quel est votre but ? On ne fait rien pour rien.

DARMANT, *à part.*

Aurait-il soupçonné mon amour pour Clarice ?
Mon amour ! Ah ! je dois en faire un sacrifice !
(*Haut.*) Quelque nouveau sujet excite votre aigreur ?
Ah ! je sais ce que c'est ; vous avez vu ma sœur.
Ses airs évaporés et sa tête légère....

LE MILORD, *à part.*

Veut-il interroger mon cœur ?

DARMANT.

Oui, je conçois qu'elle a pu vous déplaire.

LE MILORD.

A quoi bon votre sœur ? Je l'excuse aisément :
Elle est d'un sexe....

DARMANT.

Oui, mais son caractère....

LE MILORD.

M'en suis-je plaint ?

DARMANT.

Non ; poliment....

COMÉDIE.

LE MILORD.

Je ne suis point poli.

DARMANT.

Sachez que son système
Est de vous consoler, de vous rendre à vous-même.
Si je ne l'arrêtais, Monsieur, journellement,
Vous seriez obsédé.

LE MILORD.

Monsieur, laissez-la faire.

DARMANT.

Non, je lui vais défendre expressément
De vous revoir.

LE MILORD, *à part.*

Ah! quel acharnement!

DARMANT.

Je cours pour l'avertir....

LE MILORD.

Il n'est pas nécessaire.

DARMANT.

Mais je dois réprimer l'indiscrète chaleur....

LE MILORD.

Je sais ce que j'en pense : il suffit..... Serviteur.

DARMANT.

Je n'ai qu'un mot, après quoi je vous laisse.
J'aurais été jaloux d'avoir votre amitié ;
Mais je n'espère plus que votre haine cesse :
Du moins un peu d'estime, et je suis trop payé.

LE MILORD.

Eh! malgré moi, Monsieur, vous avez mon estime.
Je ne suis point injuste, et ne puis refuser
    Ce qui me paraît légitime.
Mais pour mon amitié.....

DARMANT.
        Qui pourrait s'opposer ?....

LE MILORD.

Vous êtes Français.

DARMANT.
        Oui, Milord; je m'en fais gloire.

LE MILORD.

Vous êtes tous amis, si l'on doit vous en croire;
    Car ce sont des empressemens
Pour le premier venu, des transports, des sermens.....
En France, on n'est pas tel qu'on cherche à le paraître;
On n'y distingue pas l'honnête homme du traître.
Vos visages rians sont des masques vernis
Qui se ressemblent tous. Esclaves de l'usage,
L'expression du cœur n'est chez vous qu'un langage.
Tout en vous détestant, vous feignez être amis :
    Vous n'avez point de caractère ;
Et votre politesse est toujours un mystère.
Un Anglais n'a point l'art de cacher son humeur;
Il porte sur son front l'empreinte de son cœur.
Nous osons nous montrer partout tels que nous sommes;
    Et c'est chez nous qu'on peut juger les hommes.
Ainsi, permettez-moi....

COMÉDIE.

DARMANT.

Je me flatte qu'un jour
Je me verrai payé d'un plus juste retour.

SCÈNE XIII.

LE MILORD, UN VALET.

LE VALET.

Milord, un Anglais vous demande.

LE MILORD.

Un Anglais! un Anglais! qu'il entre, et promptement.

SCÈNE XIV.

LE MILORD, DARMANT, SUDMER.

SUDMER, *gaîment et avec vivacité.*

Vive! vive! Milord! ah! quel heureux moment!
Je vous retrouve, et ma joie est si grande....

LE MILORD.

C'est vous, mon cher Sudmer!

SUDMER.

C'est moi, certainement.

DARMANT, *avec étonnement.*

Sudmer! ah! quel événement!

SUDMER, *considérant Darmant.*

Mais c'est vous-même aussi, je pense.
C'est vous, voilà vos traits; je rends grace au hasard.
Cher Milord, attendez.

LE MILORD.

D'où vient donc cet écart?

SUDMER.

Le premier des devoirs est la reconnaissance.
(*A Darmant.*)
Le sort, en cet instant, a rempli mon espoir.

DARMANT.

Monsieur, je n'ai jamais eu l'honneur de vous voir.

SUDMER.

Je suis assez heureux, moi, pour vous reconnaître.

DARMANT.

Mais je n'ai point d'idée....

SUDMER.

Aucune?

DARMANT.

Point du tout.

SUDMER.

Je ne me trompe point; et j'y crois encore être.

COMÉDIE.

LE MILORD, *à part.*

Cet accueil n'est pas de mon goût.

(*Darmant veut se retirer.*)

SUDMER.

Ne vous en allez pas.

DARMANT.

Mais je dois, par prudence....

SUDMER.

Vous n'êtes pas de trop : cédez à mon instance,
Et songez que mes sentimens....

(*Au Milord, en lui montrant Darmant.*)

C'est un homme des plus charmans;
C'est un homme d'espèce unique.

LE MILORD.

Charmant! charmant! parbleu, pour des êtres pensans
Voilà, sans doute, un beau panégyrique !

SUDMER.

Qu'entendez-vous ?

LE MILORD.

Cela s'entend sans qu'on l'explique.
Un homme n'est jamais charmant en bonne part;
Et lorsqu'à la raison on veut avoir égard....

SUDMER.

Je ne vois point à quoi cela s'applique.

(*A Darmant.*)

Remettez-vous aussi mes traits ;
Rappelez-vous que je vous dois la vie.
Vous changeâtes pour moi la fortune ennemie.

(*Montrant son cœur.*)

Voilà le livre où sont écrits tous les bienfaits.
Vous êtes mon ami, du moins je suis le vôtre ;
C'est par vos procédés que vous m'avez lié.
Je m'en souviens, vous l'avez oublié :
Nous faisons notre charge en cela l'un et l'autre.

DARMANT.

Mais vous vous méprenez, Monsieur.

SUDMER.

Moi, point du tout ; moi, jamais me méprendre,
Quand la reconnaissance en moi se fait entendre,
Et m'offre mon libérateur.
Le sentiment me donne des lumières :
Pour reconnaître un bienfaiteur,
Les yeux ne sont point nécessaires ;
Je suis toujours averti par mon cœur.

DARMANT.

Ah ! je vois à peu près ce que vous voulez dire.

LE MILORD.

Moi, je ne le vois pas.

SUDMER.

Je vais vous en instruire.

Nous devons publier les belles actions.
Je montais un vaisseau de trente-huit canons ;
Je fus, près d'une côte, accueilli d'un orage
    Terrible, violent beaucoup :
    J'étais prêt à faire naufrage,
Et les Français avaient de quoi faire un beau coup.
    Aussi, Monsieur, en homme sage,
    Lorsque les vents furent calmés,
En tira pour sa gloire un très-grand avantage ;
    Et nous voyant démâtés, désarmés :
« Je pourrais, me dit-il, prendre votre équipage ;
« Mais, pour en profiter, je suis trop généreux :
« On n'est plus ennemi lorsqu'on est malheureux.
Bref, il me soulagea, m'obligea de sa bourse,
Me rendit mes effets avec la liberté :
Les bienfaits, de son cœur, coulaient comme une source.
Peut-on trop admirer sa générosité ?

        LE MILORD.

Je ne m'étonne point d'un trait de bienfaisance ;
On agit pour soi-même en agissant ainsi.

    (*Bas, à Sudmer.*)

    Je suis forcé de l'admirer aussi :
    Mais sans tirer à conséquence.

        DARMANT.

Jugez la nation avec plus d'équité.
Comme Français, mon premier apanage
    Consiste dans l'humanité...

Nos ennemis sont-ils dans la prospérité,
  Je les combats avec courage.
  Tombent-ils dans l'adversité :
  Ils sont hommes, je les soulage.

SUDMER.

Eh! c'est ainsi qu'on pense avec un cœur loyal.
Je ne décide point entre Rome et Carthage :
  Soyons humains ; voilà le principal.

LE MILORD.

Vous n'êtes pas Anglais.

SUDMER.

  Je suis plus, je suis homme.
Qu'avez-vous contre lui ? Cette froideur m'assomme :
  Esclave né d'un goût national,
  Vous êtes toujours partial.
  N'admettez plus des maximes contraires ;
  Et, comme moi, voyez d'un œil égal
  Tous les hommes, qui sont vos frères.
J'ai détesté toujours un préjugé fatal.
Quoi! parce qu'on habite un autre coin de terre,
Il faut se déchirer et se faire la guerre !
  Tendons tous au bien général.
  Crois-moi, Milord ; j'ai parcouru le monde.
Je ne connais sur la machine ronde,
  Rien que deux peuples différens ;
Savoir, les hommes bons et les hommes méchans.

Je trouve partout ma patrie,
  Où je trouve d'honnêtes gens ;
  En Cochinchine, en Barbarie,
Chez les Sauvages même. Allons, soyons unis;
  Embrassons-nous comme trois bons amis.
(*A Darmant.*)
Vous serez de ma noce, au moins......

DARMANT.

Quoi ?

SUDMER.

Je l'exige.

Je vais me marier avec un vrai prodige,
Fille aimable, dit-on, et qui me plaira fort :
Je m'apprête à l'aimer. Quoi ! cela vous afflige ?

DARMANT.

Moi.... je partage votre sort.

SUDMER.

Point de partage, je vous prie,
Surtout si la fille est jolie.

DARMANT.

Je respecte les nœuds dont vous serez unis.

LE MILORD.

Ma fille, de ce mariage,
Sans doute sentira le prix :
Je vais, sans tarder davantage,
  La préparer en des instans si doux,
Sur l'honneur qu'elle aura de s'unir avec vous.

SCÈNE XV.

SUDMER, DARMANT.

SUDMER.

Vous connaissez l'objet qu'on me destine ?
Hein ? Mais, mon cher Français, qu'est-ce qui vous chagrine ?
Morbleu ! seriez-vous mon rival ?
Comment ? Cela m'est bien égal ;
Mais je veux savoir tout-à-l'heure....

DARMANT.

Monsieur, sur ce sujet ne m'interrogez point.

SUDMER.

Dans ce même logis ma future demeure,
Et je veux m'éclaircir d'un point.

DARMANT.

Monsieur, quoiqu'il en soit, vous n'avez rien à craindre.
Clarice est adorable, et je pourrais l'aimer
Sans que vous eussiez à vous plaindre.
(*A part.*) Tâchons encor de me calmer.

SUDMER.

(*A part.*) Cependant je remarque un trouble.
Hein ? Parlez. Hein ? Son embarras redouble.

DARMANT.

C'en est assez. Adieu, Monsieur.
Jouissez de votre bonheur;
Et de mes sentimens n'ayez aucun ombrage.
On peut aimer Clarice, on peut s'en faire honneur :
Je ne vous dis rien davantage.

SCÈNE XVI.

SUDMER, seul.

C'est parler fièrement : je prétends découvrir...
J'ai des soupçons qu'il faut que j'éclaircisse.
Ah! j'aperçois Milord, et sans doute Clarice.
Examinons un peu comme je dois agir.
On ne m'a point trompé : je la trouve fort belle;
Belle, certainement!

SCÈNE XVII.

LE MILORD, CLARICE, SUDMER.

SUDMER.

Bonjour, Mademoiselle.
Je suis Sudmer, pour vous servir,
Et je viens remplir votre attente.
Oui, oui, ma belle enfant, je vous épouserai;
Je dis plus, je sens bien que je vous aimerai.

(*Au Milord.*)

Autrement, j'aurais tort. Je la trouve charmante.

CLARICE.

Monsieur....

SUDMER.

Reste à savoir si je vous conviendrai.
M'aimerez-vous aussi ?

CLARICE.

Mais, Monsieur, je l'espère.
Les volontés de milord sont des lois.
La générosité de votre caractère,
Vos nobles procédés font honneur à son choix;
Et les vertus sur mon cœur ont des droits
Préférables à l'amour même.
Lorsque de la raison on écoute la voix,
On estime, du moins, en attendant qu'on aime.

COMÉDIE.

SUDMER.

Oh ! je suis votre serviteur :
En attendant ! c'est bon pour qui pourrait attendre.
Milord, je suis pressé; vous avez un vieux gendre
Qui n'a pas un instant à perdre, par malheur.
   Je ne crois pas que l'amour, à mon âge,
   Parle beaucoup en ma faveur.
C'est un arrangement que notre mariage :
Notre intérêt commun en aura tout l'honneur.
Cela ne suffit pas : je crois qu'elle est fort sage ;
   Mais il se peut qu'un autre objet l'engage.

CLARICE.

En tout cas, je saurais commander à mon cœur.

SUDMER.

   Bon ! voilà le même langage
   Que vient de me tenir Darmant.

LE MILORD.

Darmant....

SUDMER.

   Elle rougit, et je vois clairement....
N'est-il pas vrai, chère future ?
Il se pourrait par aventure.....
Hein ?

LE MILORD.

   Sudmer, de pareils soupçons....

SUDMER.

Pour demander cela, Milord, j'ai mes raisons.

LE MILORD.

Mais Darmant est Français, et ma fille est Anglaise :
Elle ne peut l'aimer.

SUDMER.

Conséquence mauvaise.
Les Français ont toujours l'art de se faire aimer.
Je les connais pour gens fort agréables,
Et, qui plus est encor, fort estimables :
Il est tout naturel de s'en laisser charmer.

LE MILORD.

Je sais comme ma fille pense ;
Je réponds de son cœur. Oui, la reconnaissance
Qu'elle sent, comme moi, de vos rares bienfaits,
Doit l'attacher à vous tendrement pour jamais.

SUDMER.

Que parlez-vous de bienfaits, je vous prie ?

CLARICE.

Si ma main doit payer ces généreux secours....

SUDMER.

Je ne vous entends point, et je n'ai de mes jours....

LE MILORD.

Vous-même m'écrivez ?

SUDMER.

Point de plaisanterie.

LE MILORD.

Moi, plaisanter !

COMÉDIE.

SUDMER.

Vous êtes fou, Milord,
C'est depuis quelques jours que je sais votre sort.

LE MILORD.

Mais cependant la chose est sûre;
Et votre lettre que voici.....
Tenez.

SUDMER.

Que veut dire ceci ?
Ce n'est point là mon écriture.

LE MILORD.

Je le sais bien; mais votre bras cassé....

SUDMER.

Je n'ai pas eu le bras cassé.

LE MILORD.

Qu'entends-je ?....

SUDMER.

Certainement, vous n'êtes pas sensé.

LE MILORD.

Mais lisez donc; lisez. (*A part.*) Sa tête se dérange.

CLARICE.

Assurément, je l'ai déjà pensé.

SUDMER.

Je suis dans un courroux extrême.
Comment, quelqu'un a pris mon nom
Pour faire une bonne action,
Que j'aurais pu faire moi-même !....

Morbleu ! c'est une trahison
Dont je prétends avoir raison.
Et vous avez reçu la somme ?....

LE MILORD.

Oui, d'un banquier.

SUDMER.

Nommé ?

LE MILORD.

Monsieur Argant.

SUDMER.

Il loge ?

LE MILORD.

Près d'ici.

SUDMER.

Je vais trouver cet homme :
J'en aurai le cœur net. Je reviens à l'instant.

SCÈNE XVIII.

LE MILORD, CLARICE.

LE MILORD.

Tout cela me paraît étrange !
D'où peut venir cette lettre-de-change
Et ces autres effets que j'ai déjà reçus ?
Ce n'est pas de Sudmer ! je demeure confus.

Si ce n'est pas de lui, c'est d'un compatriote
    Qui veut m'obliger en secret.
    Tel est l'Anglais : il cache le bienfait,
    Exactement j'en conserve la note,
    Pour m'acquitter de celui qu'on m'a fait :
Pour un homme d'honneur, c'est le plus grand regret
    Que de manquer à la reconnaissance ;
Et payer un service est une jouissance.
    Je ferai tant que nous serons au fait.
    Ah çà, venons à vous, ma fille :
Sudmer, par ses grands biens, relève ma famille ;
    Il vous fait un état certain ;
Vous ne répugnez pas à lui donner la main ?

        CLARICE.

Je dois vous obéir.

        LE MILORD.

        Vous soupirez, Clarice ?...

        CLARICE.

Oui, mon père, il est vrai.....

        LE MILORD.

        Parlez sans artifice.

        CLARICE.

Oui, je vais vous parler avec sincérité.

        LE MILORD.

Ne dissimulez rien.

        CLARICE.

    M'en croyez-vous capable ?
Je ne sais point trahir la vérité ;
    Et qui dissimule est coupable.

Je n'ai rien dans mon cœur que je doive cacher
Aux yeux indulgens de mon père.
Est-il quelque secret, est-il quelque mystère
Que dans son sein je ne puisse épancher?

LE MILORD.

A mes desseins vous verrais-je contraire?

CLARICE.

Non, je dois me soumettre à votre volonté.
En Angleterre, un cœur n'est point esclave;
Le pouvoir paternel est chez nous limité;
Mais ne soupçonnez pas que jamais je le brave.
Périsse cette liberté
Qui des parens détruit l'autorité.
Ah! je le sens, un père est toujours père :
Sur des enfans bien nés il conserve ses droits.
Quand le devoir en nous grave son caractère,
Rien ne peut effacer cette empreinte si chère.
En vain la liberté veut élever sa voix,
Et dans nos cœurs exciter le murmure :
La loi nous émancipe, et jamais la nature.

LE MILORD.

Vous pensez bien; mais, dites-moi
Où nous conduit cet étalage?
Sudmer vous déplaît-il?

CLARICE.

Non, mon père; mais...

COMÉDIE.

LE MILORD.

Quoi?

CLARICE.

J'épouserai Sudmer, si c'est votre avantage.

LE MILORD.

J'ai donné ma parole.

CLARICE.

Il aura donc ma foi.
Mais un autre a mon cœur.

LE MILORD.

Expliquez ce langage :
Épouser celui-ci pour aimer celui-là !
Vous vous formez, ma fille, et j'aperçois déjà
Que de ce pays-ci vous adoptez l'usage.
S'il vous plaît, rien de tout cela.
Quel est le nom du personnage ?...
Dites-le moi.

CLARICE.

J'en aurai le courage.
Malgré moi mon cœur s'est soumis.
Les vertus d'un Français....

LE MILORD.

Un de nos ennemis !....

CLARICE.

Il ne l'est point : c'est Darmant, c'est lui-même.

LE MILORD.

Qu'ai-je entendu ? Ma surprise est extrême !
Je vois quel est le but de ses empressemens.

CLARICE.

Arrêtez. Vos soupçons seraient trop offensans.
Rien ne m'a, jusqu'ici, fait connaître qu'il m'aime :
L'estime, le respect sont les seuls seutimens
  Qu'il ait osé faire paraître.
Rien aussi, de ma part, n'a pu faire connaître
  Le trouble secret de mes sens.

LE MILORD.

A la bonne heure. Eh bien, puisque je suis le maître,
Vous aimerez Sudmer, et je l'ai décidé :
  Songez-y bien ; j'ai commandé.

SCÈNE XIX.

LE MILORD, SUDMER, CLARICE.

SUDMER.

Ma foi, moi n'y puis rien comprendre.
J'ai vu votre banquier, votre donneur d'argent :
 Il m'a reçu d'un air fort obligeant ;
Mais il bat la campagne, et n'a pu rien m'apprendre.

Il m'a dit seulement qu'en cette maison-ci,
Par un valet anglais je serais éclairci.

LE MILORD.

C'est mon valet, sans doute.

SUDMER.

Il peut donc nous instruire,

LE MILORD.

Robinson ?

SCÈNE XX.

LE MILORD, SUDMER, CLARICE, ROBINSON.

ROBINSON.

Milord ?

LE MILORD.

Viens ici.
Il faut tout-à-l'heure me dire
D'où vient l'argent que tu m'as apporté.
Confesse-nous la vérité :
Tu sais, dit-on, tout le mystère.

ROBINSON.

Milord, c'est d'un de vos amis.

LE MILORD.

De Sudmer ?

ROBINSON.

Oui, la chose est claire.

SUDMER.

De moi, maraud, de moi ?

ROBINSON, *à part.*

Me voilà pris.

SUDMER.

Je te surprends en menterie ;
C'est moi qui suis Sudmer.

ROBINSON.

Monsieur, j'en suis charmé.
Comment vous portez-vous ?

SUDMER.

Qui peut avoir tramé
Une pareille fourberie ?
Coquin ! j'ai donc le bras cassé ?
Oh ! je te ferai voir...

ROBINSON.

Doucement, je vous prie.
Quoi ! ce n'est donc pas vous dont le cœur bien placé...

SUDMER.

Non, non, certainement.

ROBINSON.

Eh bien, c'est donc un autre.

SUDMER.

Qui donc a pris mon nom ?

ROBINSON.

Un nom tel que le vôtre
Doit faire honneur à l'amitié.

LE MILORD.

De ce complot le traître est de moitié !
Déclare vîte, ou je t'assomme.

ROBINSON.

Vous m'allez ruiner.

LE MILORD.

Comment ?

ROBINSON.

Oui, c'est un fait.
De temps en temps je reçois quelque somme
Pour m'engager à garder le secret.

LE MILORD.

Ah ! tu connais donc ?....

ROBINSON.

Oui, c'est un fort honnête homme,
Qui veut vous obliger, et sans être connu.
Vous savez bien, Milord, que je suis ingénu.
Il m'a séduit ; et pour lui plaire,
Robinson est fourbe et faussaire.
C'est de moi seul que vient toute l'invention ;
Mais c'était, je proteste, à bonne intention.

LE MILORD.

En un mot, quel est-il ?

ROBINSON.

Eh bien ! c'est ; c'est... notre hôte,

LE MILORD.

Darmant!

CLARICE.

Darmant!

LE MILORD.

L'auteur d'une telle action !
Ah ! malheureux !

ROBINSON.

Je reconnais ma faute.

LE MILORD.

Tu mérites punition.
Écoute, aimerait-il ma fille ?

ROBINSON.

Oh ! point du tout, Milord ; il n'oserait.
C'est générosité toute pure qui brille
Dans ce que pour vous il a fait.

LE MILORD.

Vous, Clarice, êtes-vous instruite ?

CLARICE.

Non, je vous jure, et je suis interdite.

LE MILORD.

Je ne comprends rien à cela !
En vérité, son procédé m'étonne !

SUDMER.

Moi, point m'en étonner ; je le reconnais là :
Et d'avoir pris mon nom très-fort je lui pardonne.

LE MILORD, *à Robinson.*

Je te fais grâce ; sors, ne lui parle de rien.

SCÈNE XXI, et dernière.

LES ACTEURS PRÉCÉDENS, LA MARQUISE, DARMANT.

LA MARQUISE.

La paix est sûre, elle est ratifiée.
Je me fais un plaisir de la voir publiée.
La paix ! ce mot seul fait du bien :
Elle est de l'Univers le plus tendre lien.
La foule avec transport inonde chaque rue ;
Sans être coudoyé l'on ne peut faire un pas,
Sans se connaître on se salue,
On parle, on s'interrompt, on ne se répond pas ;
La joie en tous lieux répandue,
En animant les cœurs, égale les états.

CLARICE.

Ce spectacle est charmant ; j'en serais attendrie.

LA MARQUISE.

Je viens vous chercher tout exprès,
Pour que vous et Milord examiniez de près
Le pouvoir qu'a sur nous l'amour de la patrie.

Le vrai contentement déride tous les traits :
La brillante gaîté, ce fard de la Nature,
Rajeunit les vieillards, leur donne un air plus frais ;
D'un coloris si doux la teinte vive et pure
 Partout imprime ses attraits :
 C'est le bonheur qui fournit la peinture,
Et le plaisir de l'ame embellit les plus laids.
  La marchande dans sa boutique
  Étale ses colifichets,
Répète à tout moment, la paix ! la paix ! la paix ;
De messieurs les Anglais j'aurai donc la pratique !
Et sa petite fille, avec un air comique,
Dit : Ah ! maman, comment c'est-il fait, un Anglais ?
On rencontre plus loin des chansonniers bien ivres,
Raclant du violon et braillant des couplets,
  Bons, excellens, quoique mauvais,
  Et qui surpassent de gros livres,
  Parce que le cœur les a faits ;
En un mot, vous verrez que nous autres Français,
Notre plus grand plaisir est d'adorer nos Maîtres :
C'est l'Amour qui prend soin d'éclairer nos fenêtres.
Le sentiment, voilà notre première loi :
  Eh ! qui l'éprouve plus que moi ?
  Je danserai la nuit entière,
Je donnerai le ton, et serai la première
  A bien crier : vive le Roi !

LE MILORD.

Vous m'enchantez, madame la marquise ;
De mon esprit chagrin vous changez la couleur :
Je sens que la gaîté qui vous caractérise
Ne peut se rencontrer qu'avec un très-bon cœur.
Darmant, nos Nations sont réconciliées ;
Par vos traits généreux vous m'avez corrigé ;
Et l'amitié surmonte enfin le préjugé :
Que par cette amitié nos maisons soient liées.

DARMANT.

Ah ! Milord, je vous suis attaché pour jamais.

LE MILORD.

Ces secours détournés qu'avec tant de noblesse
Vous m'avez su fournir par des moyens secrets,
Pour ne point faire ombrage à ma délicatesse,
Je les acquitterai bientôt, grace à la paix :
Mais mon cœur en paîra toujours les intérêts.

DARMANT.

Daignez me regarder comme de la famille.

LE MILORD.

Monsieur, pour vous marquer combien vous m'êtes cher,
Vous signerez le contrat de ma fille,
Que, dès ce soir, je marie à Sudmer.

LA MARQUISE, *riant*.

A cette faveur-là mon frère est bien sensible.

DARMANT, *à part*.

O ciel !

LE MILORD.

Darmant soupire, et la Marquise rit !
Mais cela n'est pourtant ni triste, ni risible.

LA MARQUISE.

Mais c'est que mon cher frère est sot, sans contredit :
Je m'y connais ; tenez, admirez la statue !

DARMANT, *à part.*

Ma sœur.....

SUDMER.

Mais en effet, lui paraître interdit.

LA MARQUISE.

C'est qu'il est amoureux de votre prétendue ;
Mais grave soupirant, discret, silencieux,
Le respect a toujours étouffé sa parole,
Et tristement, comme une idole,
Son amour n'a jamais parlé que par ses yeux.

SUDMER.

Milord, je pourrais faire une grande sottise
D'épouser votre fille : elle est fort à ma guise ;
Mais Monsieur pourrait bien être à la sienne aussi ;
Un petit peu, n'est-ce pas ? Hein ? Je pense,
Et je vois que, dans tout ceci,
Mon rival doit, au fond, avoir la préférence.
Sous mon nom il a su saisir l'occasion
D'avoir pour vous, Milord, un procédé fort bon :
Si je deviens le mari de Clarice ;
Il est homme, peut-être, à rendre encor service :
Je suis accoutumé d'être son prête-nom.

COMÉDIE.

LE MILORD.

Darmant, je vous prends pour mon gendre.

CLARICE.

Ah ! mon père !....

DARMANT.

Ah ! Monsieur, en cet heureux instant,
Que j'ai de graces à vous rendre !
Je suis de l'univers l'homme le plus content.

SUDMER.

Cette alliance est fort bien assortie.

DARMANT.

Ma sœur, en même temps, devrait
Consentir à vous être unie ;
Ce double hymen ne laisserait
Aucun soupçon d'antipathie.

LA MARQUISE.

Je craindrais que Mylord ne fût triste et jaloux.

LE MILORD.

La proposition, il est vrai, m'intimide ;
Mais cependant, Madame, croyez-vous
Qu'une Française, ayant l'esprit vif et rapide,
Puisse y joindre en effet, par un accord bien doux,
Un caractère assez solide
Pour faire constamment le bonheur d'un époux ?

LA MARQUISE.

Avant que de répondre, en faisant mon éloge,
Souffrez, de mon côté, que je vous interroge.
Croyez-vous qu'un Anglais, qui toujours réfléchit,
En prenant une femme aimable et vertueuse,
Ait assez de douceur, de liant dans l'esprit,
Pour la rendre constante en la rendant heureuse;
Pour qu'elle s'applaudisse, enfin, d'être avec lui?
On ne peut guère avoir une femme fidèle,
 Qu'en attirant l'amusement chez elle.
Le manque de vertu vient quelquefois d'ennui.

LE MILORD.

Marquise, courons-en les risques l'un et l'autre;
Vous verrez un amant dans un époux soumis;
Et quand la paix confond ma patrie et la vôtre,
 Tous mes préjugés sont détruits.

SUDMER.

Daignez, mon cher Darmant, en cette circonstance,
Me soulager du poids de la reconnaissance:
Je sens que je suis vieux, je me vois de grands biens;
Je n'ai point d'héritier: soyez tous deux les miens....
Point de remercîmens, ce serait une offense.
Si je vous sais heureux, mes amis, c'est assez:
 C'est vous, c'est vous qui me récompensez.
Mais j'entends retentir les cris de l'allégresse;
 Courons tous: le plaisir du cœur
 S'augmente encor par le commun bonheur.

LA MARQUISE.

Milord, j'en pleure de tendresse.
Le courage et l'honneur rapprochent les pays;
Et deux peuples égaux en vertus, en lumières,
De leurs divisions renversent les barrières,
Pour demeurer toujours amis.

DIVERTISSEMENT.

On entend une symphonie et des acclamations qui annoncent une fête publique.

Le Théâtre représente la vue du port de Bordeaux. On voit des vaisseaux ornés de guirlandes et de banderoles. Des peuples de différentes nations exécutent une fête. Anglais, Français, Espagnols, Cantabres, Portugais, etc., caractérisés par des habits pittoresques, composent diverses danses variées à la mode de leurs pays, au bruit des salves d'artillerie. On chante; toutes les nations s'embrassent; la fête se termine par un ballet général.

RONDE.

Nous avons la paix ;
Nos craintes cessent,
Les jeux renaissent :
Nous avons la paix ;
Ce jour est le jour des bienfaits.
Nos maux finissent,
Nos cœurs s'unissent,
Vivons en frères :
Jamais de guerres ;
Que le Français devienne Anglais ;
Et l'Anglais, Français.

Par nos accords,
Par nos transports,
Nous donnons un exemple au monde :
Peuples divers,
De l'univers,
Venez danser en ronde.
Nous avons étouffé la haine ;
Une égale ardeur nous entraîne.
Embrassons-nous ;
Embrassons-nous :
Le même nœud nous unit tous.
Formons une chaîne
Qui dure à jamais.
Nous avons la paix, etc.

VAUDEVILLE.

Voici le jour de l'allégresse,
    Le plus beau de nos jours ;
Plus de soucis, plus de tristesse :
    Régnez, Plaisirs, Amours ;
Chacun répète avec ivresse
Ce mot si cher, si plein d'attraits :
      La paix ! la paix !
      La paix ! la paix !

Gens à manteau, gens de finance,
    Nous gémissons pour vous ;
Nos officiers par leur présence
    Vont vous éloigner tous :
Le mal n'est pas si grand qu'on pense ;
Si vous voulez être discret,
      Eh ! paix ! paix ! paix !
      La paix ! la paix !

Ne soyez plus, Sagesse austère,
    En guerre avec l'Amour :
C'est un enfant, laissez-le faire ;
    Passons-lui quelque tour.
Est-ce le temps d'être sévère,
S'il lance en cachette ses traits ?
      Eh ! paix ! paix ! paix !
      La paix ! la paix !

Accourez tous près de vos belles,
    Volez, guerriers, amans :
Elles vous sont toujours fidelles,
    Croyez-en leurs sermens.
Consolez donc vos tourterelles,
Mais sans demander leurs secrets.
      Eh ! paix ! la paix !
      La paix ! la paix !

Laissons la fraude et l'artifice,
   Terminons tous procès ;
Venez ici, gens de justice,
   Et suspendez vos frais.
Pour que chacun se réjouisse,
Avocats, laissez le palais :
      Eh ! paix ! paix ! paix !
      La paix ! la paix !

Pourquoi toujours s'entredétruire,
   Savans et beaux esprits ?
Tout céderait à votre empire,
   Si vous étiez unis :
Vous vous livrez à la satire,
N'avez-vous pas d'autres objets ?
      Chantez la paix,
      Chantez la paix !

Un mari, pour une grisette,
   Néglige sa moitié :
Sa femme, tant soit peu coquette,
   A fait une amitié.
De part et d'autre l'on se prête,
On n'approfondit point les faits.
      Eh ! paix ! la paix !
      La paix ! la paix !

LE MILORD, *à la Marquise.*

Plus entre nous d'antipathie :
   Vous avez trop d'attraits.
Toute raison n'est que folie,
   Quand elle est dans l'excès.
Femme d'esprit, femme jolie,
Ramène à des principes vrais.
      Allons, la paix !
      La paix ! la paix !

Faisons revivre l'harmonie
   Du commerce et des arts ;
Et que la paix, toujours chérie,
   Règne de toutes parts.

Ne faites plus qu'une patrie,
Espagnols, Anglais et Français.
  Eh! paix! la paix!
  La paix! la paix!

   SUDMER.

Galans barbons qu'Amour inspire,
  Ne tentez point le sort.
Le vent nous manque, et le navire
  N'ira pas à bon port.
Je sens qu'Amour voudrait me dire
Que Clarice a beaucoup d'attraits.
   Hein... quoi?... oui... mais....
Allons, mon cœur, la paix! la paix!

Jugez de cette bagatelle
  Seulement par le cœur,
Et ne nous faites point querelle
  Partagez notre ardeur.
Vous le sentez ; c'est notre zèle
Qui peint l'amour de tout Français,
  Eh! paix! paix! paix!
  Messieurs, la paix!

FIN DU PREMIER VOLUME.

TABLE DES PIÈCES

CONTENUES

DANS LE PREMIER VOLUME.

Pag.

La Chercheuse d'Esprit, Opéra comique . . 9
Les Amours de Bastien et Bastienne, Parodie
    du Devin de Village. 75
Le Caprice amoureux, ou Ninette a la Cour,
    Comédie en trois Actes, mêlée d'ariettes,
    parodiées de Bertolde à la Cour 113
Annette et Lubin, Comédie en un Acte et
    en vers libres, mêlée d'Ariettes et de Vau-
    devilles 207
Parodie d'Annette et Lubin. 271
L'Anglais a Bordeaux, Comédie en un Acte
    et en vers libres. 311

FIN DE LA TABLE.

www.ingramcontent.com/pod-product-compliance
Lightning Source LLC
Chambersburg PA
CBHW060558170426
43201CB00009B/814